蔡元培传

可以为师 可以为友
可以托终身

李克 沈燕◎著

时代出版传媒股份有限公司
北京时代华文书局

图书在版编目（CIP）数据

蔡元培传 / 李克，沈燕著. —北京：北京时代华文书局，2015.9
ISBN 973-7-5699-0520-5

Ⅰ.①蔡… Ⅱ.①李… ②沈… Ⅲ.①蔡元培（1867～1940）-传记
Ⅳ.①K825.46

中国版本图书馆 CIP 数据核字（2015）第 214494 号

丑牛系列之民国的才子

蔡元培传

著　者 | 李　克　沈　燕

出 版 人 | 杨红卫
选题策划 | 黎　雨
责任编辑 | 胡俊生　孙　开
装帧设计 | 张子墨
责任印制 | 刘　银

出版发行 | 时代出版传媒股份有限公司 http://www.press-mart.com
　　　　　北京时代华文书局 http://www.bjsdsj.com.cn
　　　　　北京市东城区安定门外大街 136 号皇城国际大厦 A 座 8 楼
　　　　　邮　编：100011　　电话：010-64267955　64267677

印　　刷 | 河北信德印刷有限公司
　　　　　（如发现印装质量问题，请与印刷厂联系调换）
开　　本 | 880×1230mm　1/32
印　　张 | 9
字　　数 | 199 千字
版　　次 | 2015 年 11 月第 1 版　　2024 年 1 月第 2 次印刷
书　　号 | ISBN 978-7-5699-0520-5

定　　价 | 46.00 元

序　言

一

及至今日，"蔡元培"这三个字在更多时候徒具符号的意义，虽然声名赫赫，却几乎成为旧诗篇中的一声绝响。在今人的墨端，他像那个时代的许多大家一样，成了脸谱式的人物。

北大哲学系教授韩水法在《世上已无蔡元培》中感叹：无论想做而做不成蔡元培的，想寻而觅不得蔡元培的，或者简单地想以蔡元培来论事的，都面对着一个不乏讽刺意味的事实——时至今天，就中国大学的改革和发展来说，蔡元培依然是一座可望而不可即的高峰。

越是熟悉的，就好像越是陌生。当我渐渐走进蔡先生的世界，我想到，每当我们了解一个影响时代的人物，必须放在大时代格局下，才能穿越时代的隔阂，体知其人的所思所行。乃至于反过来借由其人其事，体知时代的变迁，这才更有意义。

二

已故的校长蔡元培先生，生活在一个大动荡、大变乱时代的中国。这个时期，王朝倾覆、外强入侵、武人争伐、人民盲乱。

无数豪杰往往埋没在蝇营狗苟的俗世当中，但在那样一个变乱的时代，依然英雄辈出、俊杰四起。

蔡先生应该惋惜，没有看到民族的最后胜利，蔡先生同样应该庆幸，他生在那样一个可以慷慨洒血、书写理想的时代。

从中国的历史上看，每逢政治纷乱、国势起转、社会不安的历史大转折时期，反而都是思潮喷发、文化激荡、学术活跃的时期，例如春秋战国、两晋南北朝，以及就近的清末民初时期。影响中国人文化基因的思想，几乎都是在这些时期形成的。

原因在于，这个时候政治舞台上的各种力量分庭抗衡、此消彼长，上层建筑对于意识形态的干涉力量最小，从而给思想的活跃留下了巨大的空间，使每一种思想都有发声的机会。

另一方面，社会的动荡，使人们要找一个出路：济世救民者，要找到思想的力量；命运起伏者，要找一个精神的归宿，他们都呼唤新思维的出场。旧的秩序被历史的车轮碾碎，新的秩序尚未形成，时世徘徊在治、乱之间，需要在新的时势中重新在精神上定位自己，从中找到自己的荣耀，维系文化的认同，萌发民族的新生。这些都呼唤着思想火花的碰撞以至于燎原。

这是人生无常的时代，命运的跌宕也往往促使人们对生命进行更为深层的反思；这是物质匮乏的时代，古风犹存，物质和资本还没有占据人们的心灵世界，人们很趋向于精神方面的高层次解脱。

但是，新思想的形成，若无深厚的历史思想文化积淀，必流于肤浅。清末民初之所以在中国的思想界能群星璀璨，是因为这个时代的知识分子，几乎都是根植于中国的传统文化，而绝非无源之水。

三

记得离我的家乡陕西周至县不远的地方，有一个横渠镇，及至长大才知道这里是赫赫有名的儒学大师——关学创始人张载（1020—1077）的家乡，后人号之"张横渠"。

张载在他的故里写下了有名的横渠四句，"为天地立心，为生民立命，为往圣继绝学，为万世开太平"。这四句话，成了每一代有抱负的中国儒家知识分子的最高理想，这种理想融入了他们精气神魂之中。

小时候，我记得我父亲有一句糙话："圣贤就不会胡说！"说这个话的时候，他横眉竖目，一脸凛然。

想必蔡先生成长的那个时代，圣贤不仅不会胡说，而且圣贤的语录，要仰视，要"知行合一"，不惜生命去践行，要用一生的人格去背书。那一种情怀是今天的年轻人所难以领略的。

我记得我小的时候，老一辈家长经常问小朋友的话是："在学校里听先生的话了没有？"那个时候，在学校被老师体罚也是经常的事，但从学生到家长几乎从不记仇，反认为天经地义。在乡间，粗质无文的农民如果笑骂起顽劣淘气的小朋友，那就是"真个是不懂王化"！而乡间骂别人最重的话，例如，"羞先人"，再骂重一点，就说某人"丧德"。骂人也骂得很有文化。

想必蔡先生更是生活在那样一个顺习圣人教化为荣、重德守节为尊的环境中。

想必是中国传统文化耳濡目染的熏陶，蔡先生如白纸一般的青少年时代涂写了最初的基调，为他后日的济世情怀打下了最好的底色，以翰林荣宠之身干起了革命党，以革命元老之身办起了教育。如果不是将传统文化的格局真正融入了灵魂和血脉之中，蔡先生是不可能拥有那样一种人格、成就他那样一生的事业的。

四

人所熟知的是作为教育家的蔡元培，却往往忽略了作为革命家、政治家的蔡元培。

蔡元培是国民党的"四大元老"之一。他青年时期在科考中荣登翰林，却在体制内的万般荣宠中干起了反体制的革命事业，发起成立著名的革命组织光复会并任会长，又被孙中山任命为同盟会上海分会会长，是国民党的革命元勋。他和各地反清义士互结声气、秘造炸弹、图谋造反，以文士之身操起武士之业。

民国成立后，他以隆重的政治声望和资历，斡旋在国民党内各政治派系之间。眼见国民党走向专权，遂日渐保持了"超然"的姿态，专注到中国的教育事业，这成了中国教育的一大幸事。

可贵的是，作为教育家的蔡元培先生并不仅仅是致力于建校授业，作为一个具有深厚学养的学者，他更专注于现代教育思想的变革、新型教育制度的确立。

　　蔡元培先生说，"只要培养一大批学者，国家就有希望"。蔡先生首先是一个民族主义者、爱国者，其欲救民族于危急存亡之际，而并不是一个躲在书斋里做学问谋求"天人合一"的冥想家，这奠定了他一生的基调，他所做的事业都离不"救亡图存"这个主题。当然，这是那一个时代精英知识分子阶层所共有的志趣。

　　他的精神，与儒者"修齐治平、经世致用"的抱负是分不开的，但他绝非腐儒，而以清王朝的翰林之身造反，以食禄之身、文士之躯，热忱地投身于推翻庸腐清朝政权的暴力革命。

　　他不要当学问家，而要培养学问家。"为天地立心"他是顾不上了，"为生民立命"对他来说显得更为迫切。他要教育救国，教化和唤醒人民，他要维护那些"为天地立心"的人。在他的羽翼下，活跃着冯友兰、鲁迅、刘师培、王国维、陈独秀、李大钊、胡适、刘半农、钱玄同、辜鸿铭、黄侃、陈汉章、马叙伦、梁漱溟、李四光、马寅初……

　　尤其难能可贵的是，他并不功利和浮躁，他很注重人文学科，而不像那些主张实业救国的人一样，专事理工。他很重视思想界的动态，要为民族的存续寻找精神上的支撑点，这种深远的目光是世所稀有的。

　　他并不一味崇尚民主、科学救国，他更关注人内在的终极精神，这在那个救亡图存的大文化格局中又是十分难得的。

李　克

目　录

第二篇　蔡校长的北洋时代

第三篇　党国元老的本色

第一篇
成长岁月

第一章　孝子贤孙

童年岁月

1868 年 1 月 11 日，蔡元培出生在我国东南部浙江省的历史名城绍兴，他的家位于当时的绍兴府山阴县城笔飞弄。

在历史上，东南浙江一带是中国的文化重镇。而绍兴是浙江东北部的文化中心，更是一个人杰地灵之地，也是近代中国政治史和文化史上罕有的群星璀璨之地，我们来看一看这一串长长的绍兴人名单：

蔡元培（1868—1940），革命家、教育家、政治家。

徐锡麟（1873—1907），辛亥革命烈士、安庆起义领导人。

秋　瑾（1875—1907），近代民主革命志士，中国历史上第一位资产阶级女革命家。

陶成章（1878—1912），革命家，光复会创立者及领袖之一。

刘大白（1880—1932），著名诗人，文学史家，新诗开创者。

鲁　迅（1881—1936），原名周树人，无产阶级文学家、思想家、革命家，民族魂。

马寅初（1882—1982），当代经济学家、教育学家、人口学家。

夏丏尊（1886—1946），文学家，语文学家。

竺可桢（1890—1974），科学家和教育家，著名地理学家和气象学家，中国近代地理学的奠基人。

范文澜（1893—1969），历史学家。

周恩来（1898—1976），革命家、政治家、军事家、外交家，党和国家主要领导人之一。

朱自清（1898—1948），中国现代著名诗人、散文家。

俞平伯（1900—1990），诗人、作家、红学家。

钱三强（1913—1992），核物理学家，中国科学院院士。

袁雪芬（1922—2011），中国戏剧家协会副主席，戏剧泰斗。

……

绍兴在地理上背靠大陆，被深厚的大陆文明底蕴滋养，又濒临沿海地区，兼具开放的气息，所以成为近代中国社会革命精神的萌发地之一。绍兴是辛亥革命的重要发源地之一，是当时三大革命团体之一"光复会"的大本营。从上面这个长长的名单可见，蔡元培从小生长在怎样一个具有强烈人文氛围、培育出一众中国近代政治思想文化领域俊杰的环境之中。

蔡元培的乳名原本叫阿培，进私塾读书后取名元培，字鹤卿，又改字仲申，别名鹤庼（qǐng）。后来，他自号为"民友"，原意是老百姓的朋友。这个名字还多少有点清高气,认为自己不同凡类。与民为友者,当然不自认为是"民",而是亲近、影响、教化人民的人。再后来,他觉得自己本来就是老百姓中的一员,怎么能叫"民友"呢?于是就改号为孑民,意思是"遗留下来的老百姓"。典出中国最古老的诗歌总集《诗经》中的《大雅·云汉》篇:"周余黎民,靡有孑遗。"从两句中各取一字,便自号为孑民,大有慨叹国难殃民、拯救百姓于水深火热之中的情怀,也时刻警戒自己不外乎是逃难的黎民,必须要感同身受,为民着想。

后来,蔡元培声名远播,人们都很尊重他,就叫他"孑民先生"。

绍兴产酒,所以蔡元培自小善饮。

他的祖父经营典当业,是当地一家典当铺的经理。祖父行事公正,又善经营,遂致家业渐渐兴旺。祖父生七子,蔡元培的父亲为长子;三子好武,不知往终;居家六子,次子为绸缎庄经理,长、五、七子分别为钱庄经理,四子亦经营钱庄,只有六子读书。

蔡元培后来回忆说:"余家自六叔以前,祖传无读书登科之人。"

蔡元培有兄弟四人,姊妹三人,他是家里的老二。说来奇怪,他们兄弟姊妹,排行占单数的,长得像母亲,面椭圆、肤白皙;排行占双数的,却像父亲,方脸、肤黄。蔡元培排行老二,长得就像父亲的翻版。蔡元培的七个同胞兄妹中,后来有四个夭折,只有他和大哥、三弟活了下来,三人分别相差两岁。

4岁时,蔡元培就开始在自家延请教书先生开设的私塾中读书。

在此,我们有必要略为回顾一下中国古代的教育理念。古代教育主流是儒家教育，而儒家的主流教育，把教育分为这样几个阶段：

0 岁到 3 岁，为"家学"时期，实际上是自母亲怀孕开始的。"胎教"一词最早见于《大戴礼记》，其原则跟现在的胎教理论没有大的差异。婴幼儿时期，主要的任务是健康成长，还有基本生活常识和礼仪规范。

3 岁到 6 岁，为蒙学时期。古人一般 3 岁、4 岁开蒙，进蒙馆。6 岁至 8 岁进馆，这个年龄划分跟今天的幼儿园、小学的划分差不多。蒙学的主要任务有礼教和乐教两部分。

6 岁到 12 岁，为学馆时期，主要任务是读经，也有习字、练武等活动。6 岁以前一般不读经。读经要"详训诂、明句读"，还是要详细解释的。

12 岁到 20 岁，为官学时期，一般会去县学、府学继续学习，相当于现在去县高中读书。学习的内容主要是解经，也包括琴棋书画、诗词文赋、经史子集等内容。解经不是训诂，是讲义理。

20 岁到 35 岁，有时甚至到 40 岁，又是一个重要时期，这往往被过去的教育史家所忽视。这个时期的主要任务有两个：一个是学习专业，如天文地理、农业水利、医卜数术、政治军事；还有一个任务，是行万里路、交游，这是古代教育里一个非常重要的环节和阶段，也有为出仕做官做准备的意味。

35 岁到 70 岁，也就是古代读书人出仕做官时期。如果没有科举致仕。就做老师、行道布道，也有的人成了隐士，自于民间，修身齐家。古人七十致仕，回家养老。养老也不是不做事了，作为乡党长老，或以身作则，或著书立说，或兴学讲学，都是继续教育事业。

再回到蔡元培的故事上来。

进入私塾之后，私塾老师周先生教他读《百家姓》《千字文》《神童诗》，读书之外还要练习写字和对对子。稍长一些，就开始读最基本的儒学经典，像"四书"（《大学》《中庸》《论语》《孟子》），"五经"（《诗经》《书经》《周易》《小戴礼记》《春秋左氏传》），并学习写作八股文。

私塾，是私学的一种。清代地方的官学有名无实，青少年真正读书受教育的场所，除社学和义学外，一般都在地方上或经济宽裕人家所办的学塾里。因此清代学塾发达，遍布城乡。以经费来源区分，一为富贵之家延聘教师在家教读子弟，称坐馆或家塾；二为地方的村庄、宗族捐助钱财、学田，聘师设塾以教贫寒子弟，称村塾、族塾（宗塾）；三为塾师私人设馆收费教授生徒的，称门馆、教馆、学馆、书屋或私塾。塾师多为落第秀才或老童生，学生入学年龄不限。自 5 岁至 20 岁左右的都有，其中以 13 岁以下的居多。学生少则一二人，多则可达三四十人。

旧时的私塾是什么样子，我们去鲁迅先生的《从百草园到三味书屋》中看一看：

我不知道为什么家里的人要将我送进书塾里去了，而且还是全城中称为最严厉的书塾。

……

出门向东，不上半里，走过一道石桥，便是我先生的家了。从一扇黑油的竹门进去，第三间是书房。中间挂着一块匾道：三味书屋；匾下面是一幅画，画着一只很肥大的梅花鹿伏在古树下。没有孔子牌位，我们便对着那匾和鹿行礼。第一次算是拜孔子，第二次算是拜先生。

第二次行礼时，先生便和蔼地在一旁答礼。他是一个高而瘦的老人，须发都花白了，还戴着大眼镜。我对他很恭敬，因为我早听到，他是本城中极方正，质朴，博学的人。

不知从哪里听来的，东方朔也很渊博，他认识一种虫，名曰"怪哉"，冤气所化，用酒一浇，就消释了。我很想详细地知道这故事，但阿长是不知道的，因为她毕竟不渊博。现在得到机会了，可以问先生。

"先生，'怪哉'这虫，是怎么一回事？"我上了生书，将要退下来的时候，赶忙问。

"不知道！"他似乎很不高兴，脸上还有怒色了。

我才知道做学生是不应该问这些事的，只要读书，因为他是渊博的宿儒，决不至于不知道，所谓不知道者，乃是不愿意说。年纪比我大的人，往往如此，我遇见过好几回了。

我就只读书，正午习字，晚上对课。先生最初这几天对我很严厉，后来却好起来了，不过给我读的书渐渐加多，对课也渐渐地加上字去，从三言到五言，终于到七言。

三味书屋后面也有一个园，虽然小，但在那里也可以爬上花坛去折腊梅花，在地上或桂花树上寻蝉蜕。最好的工作是捉了苍蝇喂蚂蚁，静悄悄地没有声音。然而同窗们到园里的太多，太久，可就不行了，先生在书房里便大叫起来：

"人都到哪里去了！"

便一个一个陆续走回去；一同回去，也不行的。他有一条戒尺，但是不常用，也有罚跪的规则，但也不常用，普通总不过瞪几眼，大声道：

"读书！"

大家放开喉咙读一阵书，真是人声鼎沸。有念"仁远乎哉我欲仁斯仁至矣"的，有念"笑人齿缺曰狗窦大开"的，有念"上九潜龙勿用"的，有念"厥土下上上错厥贡苞茅橘柚"的……先生自己也念书。后来，我们的声音便低下去，静下去了，只有他还大声朗读着：

"铁如意，指挥倜傥，一坐皆惊呢；金叵罗，颠倒淋漓噫，千杯未醉嗬……"

我疑心这是极好的文章，因为读到这里，他总是微笑起来，而且将头仰起，摇着，向后面拗过去，拗过去。

在这篇充满了童趣回忆的文章里，可以见到那个时候上课的情景，教育方式很呆板、单一，以学生们不解其意式地背诵儒家经典为主，这倒真应合了中国古人的理念——"书读千遍，其义自现"。

而且体罚教育在这种课堂上绝对是合理合法的，所谓"教不严，师之惰""不打不成材"，调皮的孩子们在学塾里被戒尺打手心是再正常不过的事。那个时代的家长，绝对不会因为自己的孩子在学校里遭到老师的打手心乃至于打屁股而找上门去评理，反而认为这才是先生对自己孩子的悉心培养的表现，是

尽职尽责地要培育好自己的下一代，往往会帮着先生说话，反过来训斥自己的孩子。

这种私塾教育在中国的很多地方甚至一直延到了1949年前夕。我们来看另一个老人的私塾回忆：

> 学堂是村上一座三间连通的祠堂，大门朝西，没有窗户。学生不足二十人，年龄七八岁至十余岁，全是男生，来自我村和邻村两个小村。课桌学生自带，参差不齐，教室里没有讲台和黑板。先生办公也在教室里，办公是一张旧八仙桌，桌上摆放着一筒毛笔和几只茶杯，还有一块醒目的红色木质戒板。教科书由先生选购，科目为单一的语文，教学任务就是先生教语文课，学生读语文书。

> 学生整天关在教室里熟读课文，死记硬背。学生如果不会背书，就会受到先生体罚——用戒板打手心。学生没有年级，原教科书教学完了，先生选购新教科书。我对半文言文的课文一知半解，但都能倒背如流。

> "人体可分三部，头、干、肢。头中有脑，为运动知觉

之本……""蜘蛛在檐下结网,既成。一蜻蜓飞过,误触网中……"时光流逝六十多年,至今有些课文我仍能背诵。先生的工资年终收取,学生分派交付;先生的伙食由学生轮流值饭,叫做"值先生":一日三餐送进学堂,饭菜讲究,恭敬招待。

这就是当时真实的私塾场景。

蔡元培是聪明勤奋的孩子,但纵使资质再好,也逃不过被老师打手心的经历。而且重复犯错误会加倍责打手心。有一次,由于他背诵《易经》,连着错了很多次,被责打手心达百下。这种不分贵贱贤愚、一概打而后教的教学手段,却也颇能培养学生的谦逊平等的精神。

用现在的观点来看,这种以授受儒家经典为主的教育方式里,主要就是人格教育和思想品德教育、世界观教育,内在修养上要讲信修睦、仁义礼智、文质彬彬,外在行动要孝亲忠君、报国取义。

古代传统教育更注重"道",现代式的教育更注重"术"。"道"就意味着世界观、意识形态。严格地说起来,没有一种教育不是意识形态教育,并不仅仅只有政治课才叫意识形态教育。每一种教育背后,都有其世界观的支撑,也绝不能说这种教育方式是落后、蛮荒式的。

私塾中的授课方式是死记硬背式的，先生并不对课文做过多的讲解。年幼的蔡元培不管懂不懂，就按先生的要求认真背诵，在课堂上既不东张西望，更不玩耍嬉戏，小小年纪就展露出一股从容安详的性格与气质。

一次，他独自在自家楼上读书。忽然楼下房宅着火，幸亏火势不大，家人都惊慌失措地呼叫着扑火，火也很快就扑灭了。却唯独不见蔡元培，大家急忙上下四处寻找，才在楼上找到，发现蔡元培仍然安坐在楼上，口中念念有词地还在读书，根本不知道外面发生了什么事。

又一次，天快黑了，蔡元培的奶妈叫他和一起玩耍的小表叔下楼，奶妈先抱小表叔下楼，让蔡元培在楼梯口坐着等。谁知奶妈一忙别的事把这边的事忘了。几个小时后，奶妈突然想了起来，赶忙回来找蔡元培，只见他静静地坐在楼梯口，一步都没挪，也不哭不叫，平和的样子简直不像五六岁的孩子。

蔡元培的父亲把仁厚、清廉、阔达作为他立身处世的准则和风范，对蔡元培这个迥然超常的孩子也倍加器重。可惜的是父亲因病英年早逝，当时蔡元培仅 11 岁。父亲病故，家境也因此衰落下来。

蔡家的亲戚朋友凑在一起商量，打算集一笔钱资助他家。但是，蔡元培的母亲非常要强，就是不肯要，她宁愿典押家产衣物、勤俭度日，也不依赖他人生活。母亲认为，这样做不只是给亲戚们减少了负担，而且还能培养孩子自强自立的精神与生活能力。

蔡元培的母亲为人慎言谨行，在和人说话前总是先想好怎么说，说话后又要反省说的有没有错处。母亲的这个习惯也影响了蔡元培的一生。

蔡元培入私塾后，母亲常伴他完成家庭作业。有一次他在灯下苦苦思索作业却不得解，母亲心疼夜深儿疲，就叫他早些睡去，早起再做。不曾想第二日黎明，他起来很快就解决了难题。自此到老，蔡元培都一直秉持被母亲培养出来的习惯——熬夜不如早起。

母亲慈爱但从不宠溺孩子，教子严厉但从不怒骂，看到孩子们的缺点和错处时，就给孩子们指出来并告诉理由，让他们改过。当屡教不改时，蔡母就在清晨孩子还没起床时，掀开被子，毫不客气地用细竹条打屁股，直到其改过为止。蔡元培后来在晚年自述中说，小时候虽有被细竹条打屁股的体验，却能体谅母亲一片苦心。细竹条打屁股虽痛，但不至于伤着骨头，而且打在屁股上别人看不见，挨了打也不会受到外人的耻笑而丢面子。

少年时代的蔡元培，就在母亲含辛茹苦的培养下，在一种远不宽裕的家境中成长着。后来蔡元培曾经说，他自己宽厚待人的性格来自父亲；不拿人家东西、不随便讲人家坏话的美德则得力于母亲的垂教。

因父亲病逝，家中经济陷于困顿，无力再聘私塾先生，少年的蔡元培便转到对门的乡邻李申甫家设的私塾，在那里继续受童蒙教育。这位李申甫老师就是那个学生犯错了会加倍打手心的严厉的老师。

在那个年代，读书求知是神圣的事业，诸多"寒门出将相"的事迹一再在人们的口耳间代代流传，成为一代代平民读书人最好的励志故事。排除建功立业的功利动机，中国传统文化的精神，也便在这样的勤学苦读中一代代流传下来。

八股文章——科考下的标准化答卷

传统的中国社会中，对于一般读书人来说，最重要的事莫过于研习儒学经典，参加科举考试，通过著作文章打开致仕之门。

蔡元培十三岁时开始学做八股文。在跟那位李申甫老师学做八股文一年后他又转入离家大约半里地的先生王懋修的私塾读书。王先生的私塾里大约有三十个学生。

一次，蔡元培从同学处借到一本《三国演义》，刚看了几页，被王先生看到了，王先生训诫蔡元培，"看不得，陈寿的《三国志》，你们现在尚不可看，况且演义里边所叙的事，真伪参半，不看为妙"。又一次，蔡元培借了记述东周战国历史的《战国策》来看，王先生又说不能看，他的理由是，如果在考秀才的时候，把《战国策》一类书中的词句典故用在文章里，一定不会被考官容许。

这倒真是老师的一片良苦用心。原因在于，在当时的老师看来，这些书都是杂书，于学无益。当时平民出身的普通读书人要通过科举考试，才能取得功名，跻身体制内，取得向上层社会流动的机会。而在明清时期，科举考试的形式被限定为八股文，同时，八股文的内容则完全限定在儒家的"四书""五经"之内。由此，我们就不难理解，为什么先生对学生读书范围要做这么严格的限定了。

八股文最初是古代写议论文章的一种推荐格式，可以说是经过前辈的杰出文人总结出来的一种优秀的文章格式。把它应用在科举考试中，本质上是一种考试形式的规范化，也是科举制度中对公平原则的落实。这有点儿类似于书法中的"馆阁体"。

八股文是指写文章要由八个部分组成：破题、承题、起讲、入题、起股、中股、后股、束股。以下是明代名臣、文学家王鏊（ào）（1450—1524）的一篇名为《百年姓足，孰与不足》（语出《论语·颜渊》）的八股文典范之作：

【破题】民既富于下，君自富于上。

【承题】盖君之富，藏于民者也，民既富矣，君岂有独贫之理哉？有若深言君民一体之意，以告哀公。

【起讲】盖谓：公之加赋，以用之不足也；欲足其用，盍先足其民乎？诚能百亩而彻，恒存节用爱人之心，什一而征，不为厉民自养之计，则民力所出，不困于征求；民财所有，不尽于聚敛。

闾阎之内，乃积乃仓，而所谓仰事俯育者无忧矣。

田野之间，如茨如梁，而所谓养生送死者无憾矣。

百姓既足，君何为而独贫乎？

【入题】吾知藏诸闾阎者，君皆得而有之，不必归之府库，而后为吾财也。

【起股】蓄诸田野者，君皆得而用之，不必积之仓廪，而后为吾有也。

【中股】取之无穷，何忧乎有求而不得？用之不竭，何患乎有事而无备？

【后股】牺牲粢盛，足以为祭祀之供；玉帛筐篚，足以资朝聘之费。借曰不足，百姓自有以给之也，其孰与不足乎？

饔飧牢醴，足以供宾客之需；车马器械，足以备征伐之用，借曰不足，百姓自有以应之也，又孰与不足乎？

【束股】吁！彻法之立，本以为民，而国用之足，乃由于此，何必加赋以求富哉！

把这篇文章翻译成现代文，大意如下：

如果老百姓富足于下，国君当然会致富于上。

因为，君王的财富，就是藏在民间。人民都富裕，君王哪会独贫？孔圣人就曾以君民一体的大义告诫过鲁哀公。

孔子说：鲁公增税，不过因为钱不够用。但要想钱够用，哪能不先富足其民呢？如果天下能良田丰收（百亩而彻），同时君主长存节用爱民的心，那么，只按产出的十分之一征赋，而不暴敛以满自己的享受，这样，民间实力雄厚了，就会取之不尽、用之不竭。

每家每户，广积粮仓，则照顾一家老小就不发愁。

田野之间，满种稻谷，则养活全家大小就不操心。

百姓都富足了，还会单单君王一个人贫穷吗？

我知道：财富藏之于民，民有就是君有，就是国有。不一定都收集到国库，才叫有钱。

山野田地所生长的，国君都可以运用。不一定非要收集到国库，才叫有财。

民间财富取之不尽，又哪里会求之不得？用之不竭，又哪里会发生猝不及防的事？

牛羊繁盛，足以为祭祀之费。玉锦充盈，足以资政府礼用。不足，就向百姓借，哪会匮乏？

祭祀大典，足够应付宾客的需要。国防开支，足够应付战争的需要。不足，就向百姓借，哪会匮乏？

哎！立法的原则是以民为本，国家用度的充足就是由此而来，又何必强加赋税敛财呢？

　　这篇八股短短数百字，通篇对仗工整，行文平仄优美，而且在八股言语的严格形式之内，言之有物、入情入理，用寥寥数语就完整地阐述了一套治世理念。文中提出了藏富于民的理念，并主张用财政杠杆替代税收，可谓是一种很现代的经济学主张。

　　科举考试中的八股文，要求只能在"四书""五经"中选取主题，行文必须用古人的语气，而不允许自由发挥，而且句子的长短、字的繁简、声调高低等也都有对仗等要求，对于文章的字数也有限制。总的来说，是一种非常严格乃至于死板的行文规范。

　　由于考试必须用八股文形式，往往会扼杀考生的创意，因此遭到了很多文人的反对。在科考取士的制度中，很多读书人为了考取功名，下大量的工夫研习八股文的形式，重文轻义，甚至于到了文字游戏的地步，这真是"一法立，则一法弊"。以后至后来著名学者顾炎武有言："八股之害等于焚书，而败坏人才，有甚于咸阳之郊，所坑者但四百六十余人也。"

　　八股取士带来的危害还有，由于读书人"两耳不闻窗外事，一心只读圣贤书"，竭尽一生精力钻研八股文的写法，对政治、社会、人情的实际情况缺乏了解，一旦考中为官，缺乏足够的常识来应付实务，只好委任幕僚师爷及下级官吏决策事宜，这导致了政坛吏治败坏、政治昏庸。

　　当然，换个角度来说，如果受教育的目的仅仅是为了应试，那就跟考试的形式无关了。跟八股文比起来，今天的应试教育中的种种规则的死板，并不亚于彼。如果强要说形式有好坏，我们只能说，适应时代的形式，就是好的形式。

　　少年时代的蔡元培，也像千千万万学子一样，勤苦地唁背与科考有关的儒学经典，研习八股文的写作。

事亲至孝——人品做文章

十几岁时，蔡元培对"四书""五经"等经典的学习已是轻车熟路，这是中国传统教育的基础必修课。

蔡元培本来是天资聪颖的孩子，加上勤奋进取，所以在学问方面进步很快。他写古文时多用通假字、广引典故，很多词句普通人都读不懂，可老先生们却很欣赏。想必蔡先生一定知道"回"字的四种写法①，这在当时的读书人里可是好究博学的一种另类的表现。

上面提到私塾老师王懋修先生，不只是八股名家，在他的严格教导下，足以给学生们参加科举考试指一条明路。像当时许多传统知识分子一样，王先生还深谙、推崇宋明理学，他经常满含感情地向学生们讲述当地先辈名儒刘宗周的故事。

刘宗周是明清之际著名思想家黄宗羲的恩师，人评其刚毅正直，因不满明奸魏忠贤乱政，回家乡绍兴创办书院讲学，影响很大，世称"蕺（jí）山老人"。后清兵攻陷浙江，刘宗周坚决不做清朝的官，绝食二十三天而死。

为表对刘宗周学问人品的钦仰，王懋修特把自己的书房取名"仰蕺山书房"。他在平日里常给学生们讲刘宗周的事迹，以之为士子的典范。

有时，他也给弟子们讲清初反清志士吕留良、曾静的故事。吕留良（1629—1683）也是明末清初一位著名的学者，明亡后，

---

① "回"字的四种写法，出自鲁迅小说《孔乙己》，原意是嘲笑那些专门从事"无用"的学问研究的人。

他散家财以结志士，图谋复明。事败后，誓不事清，居家开馆授徒，后削发为僧，始终保持士人的气节。曾静（1679—1736）晚生于吕留良半个世纪，因读吕留良遗著，感其义节，秘密组织反清，事泄被清廷捕杀，清廷还将吕留良"剖棺戮尸"，这成为清代的一件大案。

身为弟子的蔡元培，听了王懋修先生慷慨悲绝的讲述，感受到强烈的民族主义和忠君报国的感情，被一种孤高人格所感染。后来他自谓"二十岁以前，最崇拜宋儒"，即与王懋修的影响分不开。

其实，这也是中式传统教育的一大特色。

在中国的古代士人那里，学问、文章和道德、人品是不能分割的，本就是一体。正所谓"言传而身教"，为人师表、以身作则，用人格的熏陶来教育后生，本就是中国传统教育里的一大组成部分。这种潜移默化式的教育，往往影响学子的一生。

这一点，我们从少年蔡元培的一些作为中就能看得出来。

"孝子贤孙"这个词在今天的人们看来，似乎总有点儿贬义的意思在里面，用来形容那种愚忠和愚孝的人。那是因为近几十年来中国的传统文化经历了一系列革命式、颠覆式的洗礼。在传统社会里，"孝子贤孙"这个词是一个十足的褒义词，蔡元培本人是这样的一个典范。

蔡元培的叔父辈大多经商，但他有一个六叔父，也是一个读书取仕的知识分子。在传统的中国大家庭里，叔父宛然若父。蔡元培幼时的读书启蒙也亏得这位叔父，长大后离家远游的科考历程也多是由六叔陪同。

蔡元培少年时候在叔父的指导下接触了不少古代的史书和其他名著，如司马迁的《史记》，班固的《汉书》，宋代王应麟的《困学纪闻》，清代章学诚的《文史通义》、俞正燮的《癸巳类稿》与《癸巳存稿》、朱骏声的《说文通训定声》等。这个已经相当于是拓展知识面、扩展阅读了。这种家教式的教育方式在中国传统的大家庭里也很常见，古代的教育制度不像现代教育这样，有着分数和文凭的要求以及细化的分科，所以，初中级的教育功能完全可以在有文化氛围的家庭中实现。

六叔父既是长辈又是老师，蔡元培对他很恭敬。这位六叔有抽鸦片的嗜好，有一天夜里，他与蔡元培一边聊天谈学问，一边抽着鸦片烟，不知不觉在烟榻上睡着了。蔡元培侍立在旁，并不敢稍懈。直等叔父一觉睡醒后，发现蔡元培还恭恭敬敬地站在旁边，连忙叫他回去，蔡元培这才退了出去。这种奉敬师长的感情，完全是发自蔡元培内心的，也和中国传统知识分子"程门立雪"的精神几可同类。

蔡元培还有一段割肉救亲的故事。

蔡元培的母亲很年轻就守了寡，一个人要拉扯三个孩子，长期的劳累使她老人家积劳成疾。蔡元培19岁时，母亲胃病加剧，服了很多药却一直不见好。他每天都在母亲身边侍奉，煎药喂饭，毫不懈怠马虎。

有一天，蔡元培听人说割臂肉入药可以愈病延寿，于是瞒着家人自己悄悄地找了把刀子，把左臂上的一小片肉割下来，和入药中煎好，让母亲服下去。蔡元培的三弟听说哥哥这么干，竟也仿效哥哥，割臂肉入药医治母病。这个行为让蔡元培兄弟深受左邻右舍乡亲们的赞叹。

在今天来说，这真是件不可思议的事。但在当时来说，这是孝敬父母的最高表现。在同一个时代，还有一个割肉救亲的故事，发生在近代禅宗泰斗来果禅师（1881—1953）身上。来

果禅师是湖北黄冈人,在他的《自行录》里有这样的自述:

> 余十八岁时,父染隔食病俆,饮食未沾,身体羸瘦,气绝如缕,百医难治,束手无策,衣衾棺椁已为备办,待死而已。每阅前贤多方行孝,挽救亲疴,我何人乎,其不愧欤?由是立誓,愿舍生命,赎父病痊,如不能生,誓死替父。即夜避去家人,孤身危坐,取快刀、饭碗、磨刀石,各件具备,以刀割裂胸口,不料割开后,刀口三寸宽四寸长,大气直冲,又恐气息不从喉出,乃急解裤带一根,当刀口束住,热气止出,气从喉上,方始放心,否则危急万分。迫至数日后,复求神佑,刀伤早愈,免使人知,令父不悦。即夜梦中见一老者在前,用手抹擦数转,无言而去。次早掀胸私看,刀口合缝,还复如故,诚心感召,神必有灵,可谓无妄矣。(西山居士注:此事虽难信,以来祖之品德,绝不会妄语,且有陈配侠医生于浴室亲见来祖近肝部有疤痕。)

由这两例也可见,在那个时代,传统的孝道是深入人们骨髓之中的。对父母的孝敬,再扩展到对他人的忠恕仁义,这些都造就着人们的刚烈之气和舍生取义的情操。由来果禅师的这一段自述,也可以联想,刚刚成年的蔡元培的血气方刚与对慈母的情怀,以及受传统的伦理观念影响之深。

但是,蔡元培挚爱的母亲终于没有抵挡住死神,撒手人寰。

母亲去世后,蔡元培悲痛欲绝、号啕大哭。为表达对母亲的哀思,他不顾家人劝阻,按照传统礼教中的指示,夜则睡草席、枕土块为母守灵,寄托悲哀。其兄弟看到这种情形,也把床设在灵堂,陪他一同守灵。不久,哥哥张罗着要给已经成年的蔡元培娶媳成家，蔡元培泣告兄长取消婚事，说，"母亲去世，我还没有尽完孝道的时候，决不能结婚"。

这时，蔡元培更加刻苦地读书，以便将来求取功名、光宗耀祖，报答母亲的养育之恩。

第二章　学霸造反

科场风光

蔡元培直到晚年还心有余悸地回想起 1887 年第一次参加乡试①时的情景。

那一年，整个浙江省参加乡试的学子多达 10600 人。考试的时候，"集万人于考场，偶有神经错乱，于试卷上乱写情诗或漫画杂事，甚而至于自杀的"②。由此可以想见参加科举的学子们精神压力之大，毕竟，这几乎是决定读书人一生命运的大事。

"学而优则仕。"读书、考取功名，是传统社会里世世代代的父母对下一代的殷切期望。读书人，不但明了人情事理、文质彬彬、气质雍容，而且一旦博得入仕的机会，更在身份名位上荣

---

① 乡试：中国古代科举考试之一，由各地州、府主持考试本地人，一般在八月举行，故又称"秋闱"。明、清两代定为每三年一次，在各省省城（包括京城）举行，凡本省生员与监生、荫生、官生、贡生，经科考、岁科、录遗合格者，均可应试。逢子、午、卯、酉年为正科，遇庆典加科为恩科，考期亦在八月。各省主考官均由皇帝钦派。中试称为"举人"，原则上即获得了选官的资格，并均可参加次年在京师举行的会试。

② 《蔡元培自写年谱》，《蔡元培全集》第 7 卷，第 274 页。

宠无比。在民间一般的百姓中间，知书达理的知识分子总是备受推崇。

固然，很多读书人读书的目的就是为了求取功名，以至于想得功名想得发了疯。比如吴敬梓现实主义长篇讽刺小说《儒林外史》的著名人物范进，以下是《范进中举》一段描写范进考中举人的消息传到他家里后的情形：

> 那邻居飞奔到集上，一地里寻不见；直寻到集东头，见范进抱着鸡，手里插个草标，一步一踱的，东张西望，在那里寻人买。邻居道："范相公，快些回去！恭喜你中了举人，报喜人挤了一屋里。"范进当是哄他，只装不听见，低着头往前走。邻居见他不理，走上来，就要夺他手里的鸡。范进道："你夺我的鸡怎的？你又不买。"邻居道："你中了举了，叫你家去打发报子哩。"范进道："高邻，你晓得我今日没有米，要卖这鸡去救命，为甚么拿这话来混我？我又不同你顽，你自回去罢，莫误了我卖鸡。"邻居见他不信，劈手把鸡夺了，掼在地下，一把拉了回来。报录人见了道："好了，新贵人回来了。"正要拥着他说话，范进三两步走进屋里来，见中间报帖已经升挂起来，上写道："捷报贵府老爷范讳高中广东乡试第七名亚元。京报连登黄甲。"

> 范进不看便罢，看了一遍，又念一遍，自己把两手拍了一下，笑了一声，道："噫！好了！我中了！"说着，往后一跤跌倒，牙关咬紧，不省人事。老太太慌了，慌将几口开水灌了过来。他爬将起来，又拍着手大笑道："噫！好！我中了！"笑着，不由分说，就往门外飞跑，把报录人

和邻居都吓了一跳。走出大门不多路，一脚踹在塘里，挣起来，头发都跌散了，两手黄泥，淋淋漓漓一身的水。众人拉他不住，拍着笑着，一直走到集上去了。众人大眼望小眼，一齐道："原来新贵人欢喜疯了。"

这个一辈子屡试不第、穷困潦倒的范进，初听人说自己中举，根本就不相信这种天大的好事落到了他头上，及至梦想果真，不禁欢喜得过了度，以至于一时间发了疯。

从这个故事里我们可以看到中国古代科举制下的一种荒谬的现象。读书求知不是为了学习人生的智慧、寻求世间的真理，而是像做生意赌大运一样，读书成了一种换取名利的工具，也难怪几十年孜孜以求的目标一日成真，得到功名这样一个稀缺资源，能让人如狂如颠。

从上面范进的故事也可见，科举致仕对于当时的读书人来说，是一条艰辛之路，就像现在"千军万马过独木桥"式的高考一样。在科举中获得成功，既有在读书上聪明勤奋的因素，也有极运气的成分，这让千万读书人曾不禁一再慨叹"时也、命也"。

我们可以稍看一下历史上数不清的名人不第的例子，就可知科举入仕之艰。一生未考得任何功名的读书人里，最著名的大概要数李白和杜甫这两位大诗人了。这一长长名单上，还可列入黄巢、孟浩然、唐伯虎、蒲松龄、金圣叹、洪秀全、袁世凯……简直举不胜举。李时珍 14 岁考中秀才，之后 9 年 3 次落榜，最后弃学从医，历时 29 年著《本草纲目》；吴敬梓在落榜后愤而写下传世的《儒林外史》。著名唐代文学家韩愈、晚清重臣左宗棠都曾三试不第。

由此不但可见看科举取士对于古代读书人之残酷，也可以看出以作文取士的科举考试的极大局限。它所青睐的，并不见得都是有真才实干的才俊。在这种科举制度，中则荣宠无比、败则一文不名，简直像买彩票一样，难怪上文中的范进在中举后一时喜而发疯了。

当然，上面引文中范进的事例讽刺的是科举制度下的一种极端状况。人性本来是不同的，一样米养百样人。既可以说，科举制度使儒学经典成了一种功利的工具，而且使读书人的人格僵化到了可笑的地步，但反过来说，中国儒学精神中可贵的一面，又恰恰是依托着科举制度而得以遗存下来的。

古代的仁人义士层出不穷，无不深受儒学精神的熏陶，把仁义礼智的最高信念融入到自己的人格，把取得功名作为实现自己抱负的手段，而非终极的目的。所以范进式的人固然不少，但文天祥、方孝孺式的人也总是代不乏人。况且，古代一个优秀读书人的标准，不但学问要学富五车，而且人品要彪炳千秋，才不枉读了一场"圣贤书"。那么，无数的读书人中间，用道德礼仪门面者不少，用生命践行圣贤遗教也多不胜数。

与上面那些数都数不过来的科场上的倒霉蛋不同，蔡元培的运气似乎特别好，在艰险崎岖的科举道路上步步登高，真可谓一帆风顺。

1883年，蔡元培16岁，考中秀才。此后两年，他在家乡设馆教书，自由阅读。1885年开始参加乡试，未中，连考了三次，在1889年考中举人。接下来，1890年会试中的，成为贡士。又在 1892 年通过了殿试，成为进士，被钦点为清政府最高学府翰林院的庶吉士（从通过科举考试中进士的人当中选任，明朝首辅张居正、清朝重臣曾国藩都干过这个职务）。1894 年，27 岁的蔡元培又被提升为翰林院编修。

这一向上攀登的历程，虽非一考而就，但结果总算是功得圆满，蔡元培可谓少年得志，科场生涯几近圆满地完成了。

当中举消息传来时，蔡元培显然没有像范进那样发疯。这时的蔡元培毕竟是一个风光无限的年轻人，考取功名，也不过是他十年寒窗苦读之后一个情理之中的收获。但得偿所愿、用成绩证明了自己，光了宗耀了祖，这时的蔡元培着实兴高采烈了一番。

蔡元培在考进士时所做的文章广征博引，文章中的有些字句用典很生僻，连主考官都不懂。结果，考中进士的蔡元培立即受到大名鼎鼎的清廷户部尚书、学问家翁同龢赏识，赞誉他是"年少通经，文极古藻"的"俊才"。

按照惯例，通过考试的同科士子都要去拜谒主考官翁同龢。其实，这也是例行公事、走一走过场。大概因为这样，翁同龢对一批批的来访者中的大多数人其实并无印象，他在自己的日记里往往简单地记下"新庶常来者八九人""新门人两人来见"，连名字也不记。当科的状元、探花来访，也只记了"刘福姚来见"，"陈生伯陶来"而已，惜墨如金。

有意思的是，在 1892 年 6 月 1 日的日记里翁同龢记道，"新庶常来见者十余人，内蔡元培，乃庚寅贡士，年少通经，文极古藻，隽材也，绍兴人，号鹤青，向在绍兴徐氏校刻各种书"，这真是奇怪得很，他对蔡元培印象深刻，简直是刮目相看。

一时间，不足 30 岁的蔡元培成了"声闻当代，朝野争相结纳"的名人士大夫了。

从清朝中叶以降，殿阁大学士、总督、巡抚、军机大臣这些朝廷的要职，大多系翰林出身，对于蔡元培来说，诱人的政治前景正在向他频频招手。如果蔡元培贪恋权位，再如果当时中国的政治没有发生翻天覆地的大变故，那么蔡元培沿着这条路继续走下去，则就可能青云直上、跻身达官显宦之列。

然而上面的两个如果都没有成真，蔡元培体制外的另类人生书卷，恰恰就从此时开始书写了。

历史大转折

大概这就是命运的召唤。蔡元培进入翰林院没多久，清王朝的国内外时势突变。

1894 年，农历甲午年，是中国近代史上极不平凡的一年。这年，爆发了撼动中外的中日"甲午战争"。

甲午战争以 1894 年（清光绪二十年）7 月 25 日丰岛海战的爆发为开端，至 1895 年 4 月 17 日《马关条约》签字结束。这场战争以北洋水师全军覆没告终。

古老的东方泱泱大国，一战而败在东邻小邦日本手下。接踵而来的《马关条约》，割地赔款、丧权辱国，举国为之震惊。近代以来，内乱外忧不断，中国屡受列强侵略，但这是最让国人震动的一次。东方的蕞尔岛国居然不知不觉地陡然崛起，而且很快将爪牙伸到泱泱中国，成了耀武扬威的获胜者。实际上，接下来的 50 年间，直到抗战胜利，日本这个近邻都是中国最具威胁的敌人，中国的国防策略也基本上是针对日本这个东亚故邻。

同许许多多关心天下事的中国人一样，闻知甲午黄海海战战败的消息，27 岁的翰林蔡元培简直不敢相信自己的耳朵。他悲愤交加，与其他朝中的忧国之士一齐，在海战发生半个多月后联名向皇帝上奏：

日讲起居注官翰林院侍读学士臣文廷式等跪奏，为敌情叵测、宜出奇计、以弭兵衅、恭折密陈、仰祈圣鉴事：

……然倭人乘胜之时，震惊陪都，窥伺近甸，我虽布置严密，尤虑瑕隙未周，比闻倭将以倾国之兵，道出黄海。此时李鸿章既有暮气，而所调诸将，或多新募，或未成军……

战国之时，秦攻齐，则韩、魏救之，攻韩魏，则赵救之。唐之藉兵，远及大食。宋之谋金，兼约西辽。

此时倭人得志，势将不利于英；法人与其兵谋，德国亦所深忌。故闻英人颇有藉端与倭开衅之志，兵船五十余号，已尽集南洋。德人亦特厚于我，凡将弁之效力于中国者，其主皆特赏宝星；又任中国购买军火，借资驭敌，此非偏有所厚也，卫我即所以自卫也。……资其兵费，使伐倭人。……伏乞皇上圣鉴，谨奏。

翰林院侍讲学士臣文海……臣徐世昌……臣蔡元培，修撰臣张骞，编修臣尹铭绶。

——《与文廷式等奏请密连英德以御倭人折》

（一八九四年十月七日）

在长长的上奏人名单中可以看到，除了蔡元培，还有文廷式、徐世昌、张骞等这些近代史上的名人，而且，清一色的全部是汉人大臣。有清一代，汉人大臣一般在给皇帝的奏折中自称为"臣"，而满人官员一般自称"奴才"。"奴才"是比"臣"更为亲近的自称，汉臣是没有资格在皇帝面前自称为"奴才"的。

这个奏折里，大家一方面痛恨李鸿章不争气，另一方面又指出，在中国问题上，列强们并不完全与日本站在同一立场，反而有与中国交好的，如英国、德国。应该利用世界强国之间的罅隙，学中国战国时代的合纵连横之术，联合英、德列强以抵御野心勃勃的日本人。这批汉臣愁愤国事的心境可见一斑。

但这时，暮气重重的清王朝当权者早没有了昔日入关时的意气风发和果决悍勇，再也焕发不出励精图治的精神，去搞什么合纵连横了，偌大的王朝只想在列强的夹缝中挨一天算一天。而后来的北洋军阀则不同，纷纷找各国列强做自己的靠山，形成了积弱的近代中国颇为奇葩的一段历史。

最终，清朝政府和日本明治政府于 1895 年 4 月 17 日（光绪二十一年三月二十三日）在日本马关（今山口县下关市）签订《马关条约》。《马关条约》的签署标志着中日甲午战争的结束。根据条约规定，中国割让辽东半岛（后因三国干涉还辽而未能得逞）、台湾岛及其附属各岛屿、澎湖列岛给日本，赔偿日本2亿两白银。中国还增开沙市、重庆、苏州、杭州为商埠，并允许日本在中国的通商口岸投资办厂。

《马关条约》签订的消息传到国内，中国的失败、不平等条约的签字，深深刺痛了蔡元培这位青年知识分子的心。个人正春风得意之时，国家却面临灭顶的危难，蔡元培还没来得享受功名带来的荣耀、施展满胸的才华，就值逢国家倾危的巨祸。巨大的反差，对于蔡元培的刺激是巨大的。

也许这就是命运的安排，蔡元培精神中对家国一生的忧患，以及他为民族"救亡图存"的生涯，就将从此开始了。

蔡元培将再也无法安心地正襟安坐于朝堂之上，闲散优游于诗酒酬对之中。我们从蔡元培青年时的一些作为中也大致可以看到，这是一个深深把济世情怀、忠孝信义的儒家品质写入灵魂深处的人，这样一个人，绝不会只关心个人宠辱而把世事的安危置之度外。

蔡元培认为甲午战败乃是中国数千年历史上前所未有的奇耻大辱，"聚铁铸错，一至于此，可为痛哭流涕长太息者也"。他说，"韩、魏于秦，宋于金，不如是之甚也"，就是说，他认为这个马关条约简直比战国时期韩、魏屈事于秦，南宋屈事于金更加让国人屈辱。他谴责清王朝的治下"疆臣跋扈，政府阘茸，外内狼狈，虚疑恫愒，以成炀灶之计，聚铁铸错，一至于此"。

在极度的愤懑和失望之下，1895年秋，蔡元培向上司乞假回乡一年，直至 1896 年 12 月才回京销假。1897 年冬，又发生了德国传教士在山东被杀，德国派兵强占山东胶州湾的事件。闻事后，蔡元培气愤地说，当朝"不自强而恃人，开门揖盗，真无策之尤也"。处于朝堂之中的蔡元培见识了清廷当权人物们的昏庸，他渐渐感到这个政权已经没什么指望了。

灵魂深处的革命

蒋梦麟曾这样回忆他所见到的蔡元培：

> 蔡先生年轻时锋芒很露。他在绍兴中西学堂当校长时，有一天晚上参加一个宴会，酒过三巡之后，他推杯而起，高声批评康有为、梁启超维新运动的不彻底，因为他们主张保存满清皇室来领导维新。说到激烈时，他高举右臂大喊道："我蔡元培可不这样。除非你推翻满清，否则任何改革都不可能！"

进入翰林院之前，蔡元培就是一个典型的忠孝节义式的传统知识分子，但国家的惊天之祸袭来，蔡元培的意识开始转变了。

他慢慢地开始意识到，在一个新的时代来临、在一个新的强族环伺的世界丛林里，中华古国千年来以自我为中心的"天下"观已彻底被颠覆，中国人固有的政治体制、文化传统、生活面貌，已经不足以正常运转、抵御外侮了，必须为民族的生存寻找新的生机。

这一时期的蔡元培进行了一些思考。故纸堆再也找不到出路，有清一代流行的考据、训诂做学问的路子，不足以解决现实的问题。

长期传统教育熏陶出的对家国天下的责任感和使命感，使蔡元培不愿再埋头于经史子集这些给他带来功名荣耀的经典。他把头抬了起来，放眼四望。他想扩展自己的知识面，向西方先进国家学习治理经验，发掘救国救民的方略，寻找世界观、方法论上的支撑点。

蔡元培在这一时期转而以极大的热情，去阅读西方的新式书籍。这种阅读，几乎是没有筛选式的。史地政教，声光化电；自然人文，数学物理，各个方面的新知，蔡元培凡能接触到的，几乎无书不看。在认真阅读了一些先进的中国启蒙人物，如郑观应、马建忠、梁启超的著作后，蔡元培还特别一一写上评注。

从1894年至1899年，这一时期蔡元培认真阅读过的中外新书有：《游历日本图径》《日本新政》《海国图志》《环游地球新录》《电学纲目》《盛世危言》《化学启蒙》《量光力器图说》《几何原本》《代数难题解法》《农学新法》《支那教案论》《西学启蒙》《日清战史》《生理学》《进化新论》，等等。

在这些书籍中蔡元培看到的，几乎是一个和以往完全不同的全新的知识天地和全新的世界。他简直像获得了精神上的新生一样。

在维新思想家中，对蔡元培影响最大的是严复。严复译述的赫胥黎的名著《天演论》于1898年4月出版后9个月，蔡元培便

认真地读完这部书，他后来写道："丁戊之间，乃治哲学。侯官浏阳，为吾先觉。"是严复等人的新思想唤醒了蔡元培的精神世界。

这一时期的蔡元培接触了大量近代科学与民主思想。他还自修日文，在翰林院内钻研那些被固守封建传统的旧派人士斥为"奇技淫巧""左道旁门"的西方科学知识。原因很简单，在蔡元培看来，中国不是败于"道"，而是败于"术"。就"道"而言，中国传统哲学的深邃精微，世难匹敌；但重道而轻术，导致中国完败于船坚炮利的重术之国，使他不得不转变思路。蔡元培兼有着中国知识分子的厚重和东南文士的轻灵，他不愿也不屑因循守旧，这从他做文章上也看得出，不一味迎合科考的需要，爱独辟蹊径。

此时蔡元培所热衷的事，正像他北京寓所书房中悬挂的十个大字所说："都无做官意，惟有读书声。"这也可见，蔡元培要在知识领域寻找新的天地，为民族的出路找到根本的解决之道，而不是斤斤计较在个人前途和功名上。

1898 年又发生了一件撼动中国的政治大事件——"戊戌变法"。

"戊戌变法"，是指 1898 年 6 月至 9 月 21 日以康有为、梁启超为主要领导人物的改良派通过说服光绪帝倡导学习西方，提倡科学文化，改革政治、教育制度，发展农、工、商业等的政治改良运动。

在满清当权者中的那些机谋深算的政客官僚眼中，"戊戌变法"简直就是一场极不成熟政治闹剧：一小撮激进的维新派愤青妄图用最小的代价，给政权机器换几个零件，就给偌大的中国来个天翻地覆、改头换面式的变革。结果证明，这种强烈想要用最快、最省事的办法改变中国现状的理想主义变革，遭到的几乎是彻头彻尾的失败。

本来，执掌实权的慈禧太后对于维新变法冷眼观之。但一众热血的维新派这时头脑一热，想要干脆把慈禧太后和一班守旧迟暮的官僚们一举从权力的中心踢出局，转而扶正全力支持维新派但权力完全被架空的年轻皇帝光绪帝。这是以慈禧太后为首的旧官僚势力所绝不能容忍的事。

结果，由于袁世凯的叛卖，1898 年 9 月 21 日慈禧太后等发动政变，光绪帝被囚至中南海瀛台。腥雨欲来，闻讯的维新派中，康有为、梁启超分别远循法国、日本，唯有谭嗣同宁死不逃，愿以性命唤醒国人，与康广仁、林旭、杨深秀、杨锐、刘光第共 6 人被昏庸的清廷问斩于北京菜市口刑场。中国上层政治变革"百日维新"宣告失败，前后仅仅历时 103 天。

"戊戌六君子"的死再次极大地触动了蔡元培，他对维新人士的精神当然是感佩有加的，这些同龄人的那一种热血和牺牲的精神，以及他们所胸怀的抱负唤起了他的强烈共鸣。

对于一身侠气的谭嗣同，蔡元培格外佩服，他几年后的一封信中还念念不忘地写下了这样的话：

> 盖元培所慕者，独谭嗣同耳。苦康、梁之首事而逃，经元善之电奏而逃，则固所唾弃不屑者也，况其无康、经之难而屑屑求免也乎。且夫避祸者，所以求生也。充求生之量，必极之富贵利达。[①]

其实，维新派在活动之初，不可能不引起蔡元培的注意。

---

① 《致徐树兰函》，《蔡元培全集》第 1 卷，第 91 页。

何况，蔡元培与维新派、大才子梁启超有着己丑（1889 年）同年的关系。但蔡元培本人没有参与这场近在身边、力图改变中国命运的变法，这可不是因为他胆小怕事。蔡元培本人为变法之事感奋的同时，却有着他自己独有的冷静。

在"戊戌变法"前后，维新派的人士在先进的知识界以及朝廷中，可谓风光一时。但一方面，由于梁启超与谭嗣同等人当时在社会上知名度已经很高了，假使真的变法得逞，从权位上来说，就是新时代里炙手可热、翻云覆雨的人物，质朴而耿介的蔡元培不愿被世人说自己"攀龙附凤"，并未前去结交。

他在《自写年谱》这样写道："康有为氏与谭嗣同、杨锐、刘光第、林旭诸氏被任用，励行新政，我虽表同情，然生性不喜赶热闹，未尝一访康氏。我与梁氏虽为乡试同年，但亦未与见面。"

另一方面，蔡元培总是隐隐感到，这种用上层政治斗争改变国家命运的策略并不是拯治国家的一付回春妙药，在他看来，中国的问题是深入骨髓的。"不先培养革新之人才，而欲以少数人弋取政权，排斥顽旧，不能不情见势绌。"这是蔡元培肚子里的想法。

他认为这些维新变法的烈士们并没有建立起什么群众基础，而只想凭一己之力、少数精英的奋斗，用最省事儿的办法、最小的代价，动点儿小小的外科手术，就想给中国来个改天换地，这简直是痴人说梦。

当"戊戌六君子"血洒菜市口的噩耗传来，血的事实对蔡元培还是对造成了很大的刺激，他进一步意识到政治斗争的残酷。此外，他感到清王朝的掌权者已经失去基本的理智，只顾自己的既得权位而不顾民族的整体利益，冥顽到了极点，这也让蔡元培对这个君、这个国失望到了极点。

蔡元培再也没有心思在北京当官了，断然于1898年秋天离开北京南归。蔡元培这种举动，很容易让人怀疑他是康梁同党，但他丝毫不作辩解。

经过十天的行程，1898年10月26日，蔡元培从京城回到了阔别多年的绍兴老家。

回到家乡，恰好这时家乡绍兴城中成立了一所中西学堂，缺少一位校长。身为翰林、颇负学名的蔡元培成为众望所归的人选，被推荐为学堂的监督（校长）。

这时的蔡元培回顾了他所接触的新知对他产生的强烈冲击，他感到，只有千千万万的中国知识分子具备他这样对世界的认知，具备全新的思维，在灵魂深处来一场革命，从意识上改造中国人，才可能从根本上改变中国的国是。他现在就要做这样的事业。

蔡元培觉得，康梁变法，没有预先培养革新人才，而妄图以少数人夺取政权、排斥顽旧，注定是要失败的。现在，他入主中西学堂，这恰巧给了他用新知培育英才、施展教育救国的第一个实践机会。蔡元培义无反顾地以翰林之身放弃继续向上进阶名位的机会，并要用他认定的方式实现报国之道。

当时，蔡元培给人留下这样的印象——身材短小、文质彬彬、儒雅风流，时常与朋友喝酒、畅谈，一起分析戊戌变法失败的原因，于是就出现了文首的那一幕。

第一次当校长——投身近代教育的发端

我在中西学堂里首先学到的一件不可思议的事是地圆学

说。我一向认为地球是平的。后来先生又告诉我，闪电是阴电和阳电撞击的结果，并不是电神的镜子里发出来的闪光；雷的成因也相同，并非雷神击鼓所生。这简直使我目瞪口呆。

从基本物理学我又学到雨是怎样形成的。巨龙在云端张口喷水成雨的观念只好放弃了。了解燃烧的原理以后，我更放弃了火神的观念。过去为我们所崇拜的神佛，像是烈日照射下的雪人，一个接着一个融化。这是我了解一点科学的开端，也是我思想中怪力乱神信仰的结束。

多年以后，曾在中西学堂第一斋读过书的蒋梦麟这样回忆，接触新知后的震撼溢于蒋梦麟的言表。

而当时中国普通知识分子在知识和思想意识上的陈旧、落伍亦由之可见一斑。这也足以证明蔡元培要做的这个事业，是何等的重要。

绍兴作为文化重镇，在这个时期理所当然的也受到甲午战争后维新思潮的冲击，出现了一批热心研究西学的有识之士。就在蔡元培回绍兴的前一年春，本城县绅徐树兰和绍兴知府熊起磻利用当地公款，创办了绍兴唯一一所新式学校——绍郡中西学堂。

由于蔡元培的身份和学问上的声望，这年 12 月，徐树兰和熊起磻礼请蔡元培为学堂的总理，成为新的校长，主持校务。这正是蔡元培想干的事，蔡元培马上就进入角色，着手接管校政。

蔡元培可不是茫无头绪，在传统教育之下当了多年的好学生，传统的那一套学堂的教学方式蔡元培可谓了如指掌，当一个胜任的先生绰绰有余。但现在，因应新的时势，他要对那种老的教育模式做出一定的革新。作为一个有清醒世界观和明确目标的实干家，他不假思索地马上干了以下几件事：

一是延请名师，进行最好的"软件"建设。

在接办学校的第六天，便将所聘教员名单报知府熊起磻批示：由马用锡（湄莼）、薛炳（阆仙）为经学、词学教员，马绹章（水臣）、冯学书（仲贤）为词学教员，赏乃勋（星槎）、褚闰生为蒙学教员，蓝寅（筠生）、俞墉（伯音）、陈凤锵（子仪）为英文教员，戴儒珍（铭甫）为法文教员，杜炜孙（亚泉）为算学、物理教员，寿辅清（孝天）为算学教员。这些教员，都是当时绍兴"极一时之选"的人物。蔡元培还不惜重金聘请外籍教员，如学堂先后聘请日本人中川外雄、藤乡担任日文和体操教员，月薪高达50圆。

二是购置教学仪器和设备，这是"硬件"建设。

平时一有机会，蔡元培总是托人求购各种新书和有关教学仪器设备。1899年6月，校董徐树兰前往上海，蔡元培即托其购买日本教育社物理、化学、助力器械及化学药品和动物标本，并写信给上海的张元济，托其代购南洋公学所编书籍。

此外，还曾托徐树兰之子徐显愍从日本东京购得日本所制小学物理器械第二号1组，共33种；化学器械二号1组，包括药品共31种；化学标本1组，40种；庶物标本1组，200种；动物标本乙号1组，85种；植物标本乙号1组，105种；矿物标本乙号1组，65种；另三球仪1架，三角及两脚定规3具，助力器模1组，8种，立体几何1组，平面几何1种。由于蔡元培的重视，中西学堂成为当时绍兴藏书最丰、教学仪器设备最好的一所新式学校。

三是进行合理的学制分类。

中西学堂根据国学程度的高低把学生分为三斋（相当于年级），分别教授不同程度的国学课程，第一斋为蒙学斋，第二斋为词学斋，第三斋为理学斋。同时，学生又可按自己算学、外语的程度，到不同的级别去听相关的课程。例如，有的学生根据其国学程度被列在第三斋，但外国语可到第二斋就读，算学可到第一斋学习，并不受原来所在斋的限制。这在今天的眼光看来，也是极为合理的。

四是进行极为严格的管理。

中西学堂的学生每天早晨 5 点起床、盥洗，6 点吃早饭，上午 7 点外语及算学各班上课，12 点吃午饭；下午 2 点起，国学（读书、温书、讲书）各班上课，6 点体操，7 点晚饭，8 点余课，9 点就寝。有制度还要有监管执行的人，蔡元培聘请人品诚笃的胡钟生为监学，在学堂大门左傍辟一房间，监视学生出入，另每一斋派一国学教员督导学生攻读。这可真是得了中国私塾严格管教风格的真传。

最有意义的一件事，就是增设课程。

在蔡元培执掌校务期间，中西学堂的课目已经大致包含了中国深浅层次不同的国学，以及外文、数学、物理学、化学、动植物学和体操等与世界近现代教育接轨的科目。从课程所涵盖的知识面上来看，已经完全突破了传统中式经典教育的内容，这也反映了蔡元培的教学理念，那就是传播广博、先进的文化新知。

鉴于当时学堂教术不一，课本不定，蔡元培模仿外国学堂评议之例，于 1899 年 11 月发起组织绍兴府学堂学友会，集合有志之士，推动绍兴地区的教育改革。学友会相约凡"已通国文溥通学，而究心教术，不沾沾于利禄者"，均引为同志。规定学友所做的工作：一、对学堂办事授业章程"有欢成纠正之责"；二、学友有志学习算学及外国语者，可住学堂，并可不付膳金，但须为学堂编写教科书，或任检束学生之责；三、住学堂的学友须以每月 15 日在学堂集议，无论远近，都须到会；四、学友住学堂而自愿编写教科书，书成，经各学友评议，足为善本者，即由学堂出资付刻，但仍署编者名。

在任绍兴中西学堂总理的两年里，蔡元培不光关心他这个校长当得成不成功，他还关心整个绍兴地区，乃至放眼天下，关心浙江、全国的教育。同年 12 月，蔡元培撰写《绍兴推广学堂议》一文，宣传教育救国的主张，指出："由今之道，毋变今之俗，虽荟千圣之粹言，胪五洲之良法，为拙御易车，为拙庖更刀，必无济矣。且今天下志士，所抵掌奋谭，为保国强种之本者，非学堂也哉。"他呼吁绍兴所属八县改变各自为政的做法，筹集绍兴八县公款，统一兴办学校，在府城设高级、中级学堂各一所，各县城均设一初级学堂，为本省和全国的教育改革树一模范。

惹恼了老夫子，第一次去职

      维新党人吾所默许，乃不及于难，鹿车南返、鹤巢暂栖，尚有青毡，博得工资同一饱；

      自由主义君始与闻，而未能免俗，天足将完、鬼车渐破，俄焉属纩①，不堪遗恨竟终身。

---

① "属纩"，即病人临终时，用新的丝絮（纩）放在其口鼻上，试看是否还在气息。"俄焉属纩"，意指很快就去世了。

蔡元培在他的第一任妻子王昭病逝时，写了上面这么一副长长的、满含悲切的、工整的挽联，文字可谓优美凄婉，并且随后干出了一些在时人看来惊世骇俗的事来。是什么样的事呢？

在中西学堂的校长任上，时间一长，蔡元培这位翰林校长就几乎快把旧派人士们全给惹恼了。

中西学堂里所聘用的教授西学的教员，如马用锡、杜亚泉、胡道南等人，由于受西方思想影响，推崇"进化论"这样的学说。他们常常会在课堂上向学生们灌输"民权""女权"等当时世界上的新思想潮流，对"君尊民卑""男重女轻"这样的传统文化观念则大加驳斥，有时甚至激烈地主张革新政治、改良社会。这些的言行引起校内另外一些传统守旧派的教员不满，可以说，新旧思想要完全和谐地相处几乎是不可能的事。

例如，每天午餐饭桌上，学堂的教员们聚在一起难免谈及社会风俗和当下的时政。这时，新派的教员就显得人多势众、气势嚣张，他们既冲动而又富于激情。相较之下，传统派的教员就显得势单力薄，拙于应对，每每在和新派教员的辩论中居于下风，在学生面前也就大失面子。

守旧派的教员们一合计，这都是由于蔡校长引进新课目、纵容新风气导致的结果。他们跑去向校董徐树兰汇报这些情形，认为蔡元培等人言论过于激进，用人有误，还提出一些经费使用及学校管理的问题。

徐树兰本人其实也是传统派的，一听之下，认为有理，便于庚子年（1900）正月二十六日给蔡元培写信，要求蔡元培将当月二十一日清廷的一道有关"正人心"的"上谕"抄录，并挂到学堂的礼堂中。这则"上谕"的内容，是清廷镇压"戊戌变法"后向同情变法的维新人士发出的一道警告，里面指斥同情与支持变法者为"援引匪人，心怀叵测"，警告士人们今后"自当以名教纲常为己任，以端学术而正人心"。徐树兰借这个举措来表明自己的立场，同时也是对蔡元培的警诫。

蔡元培对徐树兰信里的要求断然拒绝。他在复徐树兰的信中毫不客气地指出，这个上谕"皆黎邱之鬼所为"，"岂有取顽固者之言而崇奉之之理"，他表示自己宁愿辞职，也不做违心之事，他直白地说，"虽迫之以白刃而不从。盖元培所慕者，独谭嗣同耳"。①

这位"总经理"只干自己认为对的事，他可不会为了职位和人情而给"董事长"面子。为表辞意，蔡元培于写信的当日即离开绍兴，前往嵊县。这大概是蔡元培教育生涯中第一次辞职。后经他人从中调解一番，蔡元培不久才又重回绍兴，继续留任中西学堂总理。

不久，翰林校长蔡元培又干了一件让老夫子们大跌眼镜的事。

1900 年 6 月，蔡元培的夫人王昭病逝。他们是 1889 年结婚的，此时共同度过了十一年。本来是这一段很传统的婚姻，可是后来蔡元培渐渐接触到了新思潮中男女平等的思想，他不但马上予以接受，而且身体力行地先在自己的家庭里实践开了。

他一改自己的大男子作风，对妻子平等礼待，"一切申其意"，平常和妻子讲话，"以解足缠，去华饰，不惑鬼神为言"，但又绝不强求妻子接受他的观点，两人的关系处得"伉俪之爱，视新婚有加"。妻子病故，蔡元培痛切地怀恋和自责一番。他写道：

---

① 《致徐树兰函》，《蔡元培全集》第 1 卷，第 91 页。

君澹于世荣，自归余，余侥幸入科第，君不以为喜。及官京师，阒然不趋事权要。戊戌九月，决然相与携两儿出都。子予道路，辛苦备尝，君不以为怨。

这说的是，王昭不因为丈夫有了权势，就兴高采烈，也不因为跟着丈夫备受艰辛，就抱天怨地，实在是一种娴良的好妻子。又写下了前面那副长长的挽联。

妻子去世，蔡元培沉浸在久久的哀思之中。这时，给这位30出头丧偶的青年翰林说媒的各路人等纷至沓来，门槛都快要踏破了。

蔡元培先是一一客气回绝，然后大笔一挥，抛出他结婚择偶五项原则：一、女子须不缠足者；二、须识字者；三、男子不娶妾；四、男死后，女子可改嫁；五、夫妇如不合，可离婚。这几项条件里可贵的是，不但对女方有要求，而且男方自己也主动提出承诺和自我约束，真是平等而又平等。

"不缠足、再嫁、离婚"，这些惊世骇俗的字眼儿竟出自一个翰林之手，这种离经叛道、混淆纲常的几项原则一抛出来，在当时的社会风气中，就像给死水面上抛了一块巨大的石头一样，达到了石破天惊、一语惊世的效果。还想来说媒的人一看，早都被吓跑了，因为这五项原则哪一项都有极大的杀伤力，完全跟传统的男尊女卑的婚姻观念相违背。

蔡元培在当地士人界是有影响的人物，他的作略马上就能成为轰动一时的大事。上面提到蔡元培和校董徐树兰之间出现分歧，蔡元培愤而辞职，经人说和，他又回到绍兴学堂任教。但蔡元培一再干出这种在当时看来离经叛道的离谱之事来，把守旧传统的人们吓坏了，简直认为他人品上有问题。

以徐树兰为代表的当地传统派士绅要办的教育是"只以金

银遗子弟，何如道德教儿孙"式的传统教育，在他们看来，新学的设置只是为了因应新的时势而对中国传统的教育方式略加调整，并应以不破坏传统的"道统"为前提。可是蔡元培于公于私的种种作略实在是一再地冲击了他的底线。校董徐树兰先生不再热衷于绍兴中西学堂的校务，到了 1900 年底，学堂需要经费投入，蔡元培又去与徐先生协商，但徐先生冷淡以对。蔡元培最后只好于 1902 年 2 月底离开中西学堂，移交出校职。

当不当校长这个官，并不是蔡元培最在意的事。在他的想法里，国家的兴亡有赖于新式思潮的广播，国之不存，民将焉附？他不是要故意标新立异。他知道，旧的观念不得不用激烈的方法去冲击。更何况，这些新思潮并没有违背他道德人品的底线，并没有违背"忠恕"之道，相反，执死教条、陈旧不化反而是他所鄙夷的。

再略述一下蔡元培的第二段婚姻。话说经过一年选择，蔡元培找到了他想要的意中人。蔡元培的第二个妻子黄仲玉出身书香门第，识字而且精通书画、孝敬父母，完全符合蔡元培心中的爱人形象。

结婚那天，蔡元培不让闹洞房，只请一班好友来家里聚会，并在聚会上大讲男女平权、男女平等。有一位客人半开玩笑地质问蔡元培："照你说的，假如你的夫人比你学问高，那你就应该把夫人当做老师，以对待老师的礼节对待夫人。"蔡元培笑嘻嘻地回答，"学问总是有大有小，但从人格上看，却无所谓大小，而是平等的"。

至1921年1月，黄仲玉女士在北京病逝，时在欧洲的蔡元培在悲痛之中写下了这样的祭文：

> 呜呼仲玉，竟舍我而先逝耶！自汝与我结婚以来，才20年，累汝以儿女，累汝以家计，累汝以国内、国外之奔走，累汝以贫困，累汝以忧患，使汝善书、善画、善为美术之天才，竟不能无限之发展，而且积劳成疾，以不能尽汝之天年。呜呼，我之负汝何如耶！……汝爱我以德，无微不至。对于我之饮食、起居、疾痛、疴养，时时悬念，所不待言。对于我所信仰之主义，我所信仰之朋友，或所见不与我同，常加规劝，我或不能领受，以至与汝争论；我事后辄非常悔恨，以为何不稍稍忍耐，以免伤汝之心。呜呼！而今而后，再欲闻汝之规劝而不可得矣，我惟有时时铭记汝往日之言以自检耳。……

后来，这篇情意悲切真挚的祭文在社会上传播一时，被选入当时全国的中学国文教科书作为范文。

我们可以评价蔡元培上面的作略，是反对封建式的"卫道士"。但究根而论，如果卫道士不仅仅是一个贬义词的话，蔡元培也不是一个不折不扣的卫道士。他在捍卫他心地上的"忠恕、平等、理想、赤诚"之道。这种捍卫，却恰恰以打破传统伦理纲常、显奇立异的面目出现了。

执教南洋公学

> 中国国民在极度痛苦中，还没有知道痛苦的由来，没有能站立起来，结合起来，用自力解除痛苦，这是中国根本弱点，你们将来出校，办学校以外，还要唤醒民众，开发他们的知识。这些固然可以靠文字，但民众识字的少，如能用语言，效用更广，你们大家练习演说罢！

上面就是蔡元培在南洋公学担任总教习时，在公学里的学生组织——演讲会上讲的一段勉励。继绍兴中西学堂之后，蔡元培开始执教的第二所新式学校是南洋公学。

南洋公学，由洋务派代表人物盛宣怀 1896 年创建于上海。清末民初，称江苏、浙江、福建、广东等沿海各省为"南洋"，称江苏以北沿海各省为"北洋"。南洋公学是中国近代历史上中国人自己最早创办的大学之一，也是上海交通大学和西安交通大学的前身。

在当时这所学校是报请清政府同意之后成立的，目的是想为当时的清王朝培养一批了解世界大势、有专门知识的人才。这所新式学堂，蔡元培在主持中西学堂时就关注过。1899 年 11 月，蔡元培曾写信给在南洋公学任职的张元济，请其代购教科书，后又专门到上海徐家汇游览了南洋公学。

1901 年 5 月，从绍兴中西学堂去职后赋闲的蔡元培应上海澄衷学堂总理刘葆良之邀，前往襄助校务。在此期间，他开始与南洋公学的督办盛宣怀有所往来，曾在 6 月间出席盛宣怀在南洋公学的宴请。

9 月，南洋公学特班开课，蔡元培正式受聘担任特班生总教习。中国近现代史上的许多著名人物，如邵力子、谢无量、李叔同、黄炎培等，都是蔡元培这个时期教过的学生。

蔡元培在特班采用了一种书院式的教学法，即，由学生自由读书，每天要写札记送他阅批；每月终由他命题考试一次，评定成绩，然后送学校总理鉴定。

1901 年 9 月 21 日，蔡元培亲拟《南洋公学特班学习办法》，规定每天上课的 7 小时之外，学生可随意看书，对于阅读时的心得和疑义可做笔记，与札记一同呈交；札记须每七天一篇。为指导学生，蔡元培亲自写下他认为的各门类科目应读的参考书及读书的次序，然后由学生们根据自己的志趣，选择其中的一门或几门科目按他所开列的书目按顺序阅读。此外，蔡元培还每天晚上轮流召两三名学生到他的寝室进行个别谈话，或向学生发问、或让学生自述学习的心得、或一起座谈对时事的感想。

特班的教学内容把西学放在重要的位置上，其功课分前后两期，各学三年。前期功课有英文语法，数学中的代数、几何、三角，物理，化学；后期功课还加上地理、史学、政治学、经济学、逻辑学等。

蔡元培在讲学过程中，不但大力提倡西学，而且引导同学们进行中西比较。他为特班生所出的作业题目，多关政治、法律、道德、哲学、教育、时事等问题。

据蔡元培日记中所记，他给学生出的题目先后有：

《论史事为人类进化之资藉》《读道学家书分德行与性理两

类说》《原法》《论土耳其受保护于英之利弊》《论罚锾》《论英
国保护土耳其之得失》《日本维新名士多出于阳明学派说》《论
信陵、平原、孟尝、春申四君与其国之关系》《律有自首免罪以
公理证明之》《拟外务部大臣移葡萄牙外部长书》《宋明道学家
同出孔子，而有宗教质性与哲学质性之不同试概论之》《论秦汉
重农抑商》《论刑逼招供之非理》《论法人占土耳其弥低偏海
岛》《宋儒论性有文理气质两种然否》《游侠平议》《殷法刑弃
灰于道辨》《评英特之争》《俄皇大彼得遗训于五条为彼国二百
年来外交政策之方针其中有已实行者试条举以证之》《论监禁与
放流两刑用意之异同》《程正叔论寡妇再醮之非谓饿死事不小失
节事大然再醮即失节乎以公理断之》《论者谓民智未开不能设议
院然否?》《外人目我为君权无限辨》《揭唐律今律之大不同而
有关系者评其得失》《论国家彩票富签票之弊并陈筹还外债之
策》《论强国对弱国不守公法之关系》《希腊苏格拉第有知即德
之说试申引之》《论教育之关系》《宪法精理著人民权利十三条
以我国现行法制比较其违合之度》《新民丛报公民自治篇举广东
人自治之成绩各任其例以所居本省之事证之》《论立法、司法两
权分立之理》《论国际公法之性质可以国家学中之民约论证明
之》《论改定盐法及抵制洋盐进口之策》《斯宾塞尔言谬误事中
自有真理，试以所知之事证明之》《普之胜法毛奇将军归功于小
学校教育试论其理》……

　　这里不厌其琐地列举出来，可以让读者一见当时蔡元培所
倡行的新式学风的关注范围和研究课题。这些课题已经完全脱
离了四书五经的范围，绝不是为了应付以获取功名为目标的科
举考试，或仅仅是坐而论道式的学术研究，而是几乎都有强烈
的现实意义。当中的一些课题，其意义之深远，即使放在今天

来探讨也并不过时、陈旧。

从这里也可见，一个优秀的知识分子具有的先见和透过时空的智慧，而担任教职的蔡元培就是这种知识分子中的典型。

为使学生们更好更快地了解各种西学知识，蔡元培在南洋公学里还十分重视外语的教学。他曾对特班的同学们说：

> 现在中国被各国欺侮到这地步，知彼知己，百战百胜，我们要知道自己弱点，还要了解国际情况。了解国际情况，就要通晓外国文，读外国书。①

蔡元培认为英文自然要学，但鉴于英文难学，而大多数西方著作，都有日文译本，他建议学生不妨先学习与汉语较为接近的日文，以了解世界大势。他本人则亲自教授日文和翻译方法。在蔡元培的悉心指导下，很多学日文的同学"不数日，人人能读日文，且有译书者"，这倒是颇为让人称奇的事，也可见蔡元培在教育方法上确实用了很多心思和智慧。

蔡元培在教书、编书之余，还跟马相伯②学习拉丁文。本来，马相伯告诉蔡元培，拉丁文在西洋的学术界已经成了古董，其使用范围也仅限于一些大学的研究机构，中国学者完全没有必要花工夫去学它。但蔡元培想，欧洲各国语言多数都起源于拉丁文，不通拉丁文，便无从了解西洋的古代文化，而这正是引发蔡元培极大兴趣的地方。西洋的今日何以有发达的成就、领先于世界，西方人的所思所想、所作所为在文化上的源头是

---

① 《记三十六年以前之南洋公学特班》，《蔡元培全集》第 7 卷，第 67 页。
② 马相伯（1840—1939），祖籍江苏丹阳，中国著名教育家、复旦大学创始人、爱国人士、耶稣会神学博士。

什么？逐源而后可知流。蔡元培执意要学，他绝不是为了拿学问来装点门面，而是为了要穷究西方的"道"术。

每天一大早，蔡元培便从南洋公学走两三公里的路到徐家汇土山湾马先生的住处。有时，早上 5 点钟就早早地到达马老师的家门口，在外面叫门。这时马先生还未起床，而且身为基督徒的他起床后还要先做祷告，于是，便开门告诉蔡元培："太早了，太早了，八九点钟再来吧。"后来，蔡元培又选了 24 名学生，一道师从马先生学习拉丁文。

当革命成为风尚

这是一首清末流传一时、脍炙人口的革命诗名作：

慷慨歌燕市，从容作楚囚；引刀成一快，不负少年头！

写下这首诗的，是 20 世纪初一个志在推翻满清的青年革命志士。他在刺杀满清摄政王载沣失败被捕后，在狱中写了这样一首以死酬国的明志诗，至今读来仍让人心潮澎湃、壮怀不已。诗的作者叫汪精卫，这一年不过 27 岁。

汪精卫（1883—1944）是中国国民党人里最早期的革命志士之一，后来更

是《总理遗嘱》的起草人，写下"革命尚未成功，同志仍需努力"的名句，在当年的国民党内其政治资历之雄厚一时无出其右者。他早期一直是一个革命理想主义者，但在中国的复杂政治生态中，曾经集历史荣宠于一身的汪精卫不甘于在政坛上做一个二流的角色，在政治生涯的最后岁月里走上降日叛国的歧途，成为了一个时代的悲剧。

这个时期，忧国的中国精英分子们纷纷走上了暴力推翻满清政权的道路，在中华大地上涌现出千千万万像汪精卫这样的人物。

这些志士们都以为，非颠覆满清政权不能从根本上解决中国的问题。其时，在世界范围内，民族主义、无政府主义的暗杀活动正风靡全球，这同样也被当时中国的热血青年奉为最时髦、最便捷、最有希望推翻一个破落王朝的不二之法。当时中国的革命党人，在日本的留学生如徐锡麟、秋瑾、汪精卫、任鸿隽、鲁迅等都曾纷纷投身到这股激流飞溅的大潮之中。

再略举一例。蔡元培在1919年12月《在林德扬追悼会上的演说词》中提到了一位志士：

　　一位是杨笃生先生。他在中国没有革命前就想排满。他到日本去做炸弹来实行暗害，不过壳子做不好，他就焦急起来。前清五大臣出洋的时候，有人放炸弹来暗杀他们，这个炸弹就是杨先生做的，不过里面放点炸药，外面仍旧用药线引火的。后来杨先生到英国去求学，他一心要造炸弹，所以他专心用功物理、化学等科。可惜他从前没有普通知识，他想从极短时间内一齐补完，是很困难的……他就想到中国杀死几个满人，虽然拼了一命，也算尽他的心了。……后来炸弹也精巧了，辛亥革命也成功了，杨先生的志愿，有人替他达到了。①

　　蔡元培在演说中提到的这位杨笃生（1871—1911）先生，在清宣统三年（1911 年）听说广州起义失败、无数同志牺牲的消息后，心情极度灰丧、夜不成寐，于同年 7 月初蹈海自尽。再例如，年轻的革命家邹容（1885—1905）死于清廷狱中时，年仅 20 岁。另一个革命家陈天华（1875—1905）蹈海自杀时，年仅 31 岁。这于今天的年轻人似乎难以理解。

　　可以说，每一个青年，都会有狂热追求理想和真理的冲动，乃至于不惜牺牲生命的代价。今天的年轻人可能会追逐明星、财富、成功，这是社会风尚和舆论环境造成的。但在 20 世纪初那样一个国家兴亡的年代，干革命、拯救国家几乎就是一代青年知识分子追求理想的最高时尚，风靡一时。每一种时尚中，都满含着青年的冲动、奋不顾身。我们很难去区分不同的追求

----

　　① 《在林德扬追悼会上的演说词》，《我们的政治主张》，光明日报出版社2013 年 1 月版，第 93 页。

有什么高下之分。以汪精卫本人为例，他刺杀满清摄政王时的年龄是 27 岁。当然，青春的冲动和理想也容易破灭，并没有伴随他走过一生，而是随着在政治漩涡的浮沉而变质。

如果我们把时光倒推 100 年，蔡元培这时候就相当于是今天的一个 60 后、70 后。这本是一个从激情走向沉潜和成熟的年龄，但是革命的火焰显然也灼热了他。汪精卫刺杀载沣是在 1910 年。但早在几年前，蔡元培这个儒雅温良的翰林就已经开始准备和当朝以命相搏了，这在下一节将会提到。

这时的蔡元培，英雄豪情丝毫不输于这些革命家们。但是，他比这些年轻人多了一份成熟和周详。我们来看一看蔡元培在清末的革命事业。

蔡元培的革命往事

在任教于南洋公学期间，蔡元培投身到了大时代的革命洪流之中。

蔡元培曾经回忆说："自组织爱国学社，我已离开公学为学社教员。那时候同任教员吴稚晖、章太炎诸君，都喜言革命，并在张园开演说会，凡是来会演说的人，都是讲排满革命的。我在南洋公学时，所评改之日记及月课，本已倾向于民权女权的提倡，及到学社，

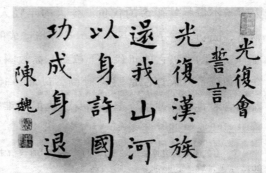

光復會誓言
光復漢族
還我山河
以身許國
功成身退
陳魏

受热烈环境的影响，遂以公言革命无所忌。"①

又回忆说："自36岁（1902年）以后，我已决意参加革命工作。觉得革命自有两途：一是暴动，一是暗杀。在爱国学社中竭力助成军事训练，算是下暴动的种子。又以暗杀于女子更为相宜，于爱国女学，预备下暗杀的种子。"

1904年底，蔡元培联络江浙一带的同志，一起成立了近代中国近代史上赫赫有名的反清革命组织光复会，蔡元培被推举为会长。光复会又名复古会，是辛亥革命时期中国的三大革命组织之一（其他两个是同盟会、华兴会）。总部设在上海新闸路仁和里，后迁三马路保安里。

入会仪式上，蔡元培胸前佩戴一个金牌徽章，中间用篆文刻一个"复"字，取"光复"之意，并举手念育光复会的入会誓词："光复汉族，还我河山，以身许国，功成身退！"

蔡元培发起成立光复会的宗旨，就是要以暗杀、暴动为手段推翻满清政府。蔡元培的学生俞子夷回忆说：

> 将近寒假前，蔡师与我谈起组织问题，他提示几点纲要，嘱我起草一种章程，会名定"光复"，以示光复我们汉族祖国之意……
>
> 章程以外，有一套通信用的暗语，多以商业中词汇语句作代，例如："销路畅"代"工作顺利"，"生意不好"代"情势不利"之类。成员亦各有一类似店号的代用姓名，例如我的代号是"怡康"。更有一套相见时探询用的暗语，例如：你认识黄先生吗？（是否成员）何时认识？（参加年

---

① 《我在教育界的经验》，《蔡元培全集》第7卷，第196页。

月）何地认识？（入会地点）问答时，必须做些手势，例如问答那一题时，右手伸中指，无名指，小指并置右膝上，问答另一题则须头向左看看。据说此种方式均是模仿会党的做法。从此等情况看，那时发起组织的光复会，是个秘密的暗杀团体。①

可见光复会在蔡元培等人的领导之下，不但有明确的纲领，而且出于革命斗争的需要建立了颇为严密的组织纪律。

蔡元培动员了浙江一带的会党人士加入光复会，例如徐锡麟、陶成章等人，壮大反清的力量。浙江会党，主要源于明末清初的反清秘密组织天地会，又称"洪门"，是东南一带的抗清势力在斗争失败后保留下来的秘密组织。因为有相近的目标，这个时候，会党组织便成了革命党人的坚定同盟军。至于后来光复会中的会党人士和同盟会系统的革命党人发生流血政治纷争，这是后话。

光复会成立后，积极开展秘密反清活动，上海、嘉兴、绍兴先后是它的活动中心，在日本以及南洋都有很大的影响力。他们通过办报纸、设学校等方式，宣传革命思想，培养革命青年，同时，联络会党，运动新军，准备开展武装革命。

当时蔡元培的个人声望对于扩大光复会在国内的影响起到很大的作用，一时间，蔡元培成了中国东南地区革命活动的核心人物。这一时期，经蔡元培介绍加入光复会的，有黄炎培、秋瑾、柳亚子、刘师培、马宗汉、李燮和、孙毓筠等人。

---

① 俞子夷：《回忆蔡元培先生和草创时的光复会》，《文史资料选辑》第77辑，中国文史出版社，1981年，第9—11页。

黄炎培①曾这样回忆蔡元培介绍他加入同盟会的经过：

> 民国成立前七年乙巳秋，吾师忽召至其寓庐，郑重而言曰："我国前途至危，君知之矣。诸强虎视于外，清廷鱼烂于内，欲救亡，舍革命无他道。君谓然乎？"则敬答曰："然"。曰："欲革命，须有组织。否则，力不集，事不成。今有会焉，君亦愿加盟乎？"则敬答曰："苟师有命，何敢不从"。期以某日深夜宣誓，出誓文，中有句："建立民国，平均地权，驱逐鞑虏，光复中华。"吾师即指"平均地权"句说明其理由。小子卒在吾师之前，宣誓加盟焉。

这一段回忆，栩栩如生地再现了当时场景：文雅瘦弱的蔡元培把坚定的目光投向学生黄炎培，询问他愿不愿意投身救亡革命。而黄炎培则在老师的感召之下，既恭敬又慷慨地回答，"老师的命令，后生小子怎么敢不听？"

这时的蔡元培，极力要干的是就是推翻满清封建王朝。他所从事的各种社会活动，都是从反封建的革命需要出发的，与当时整个革命的发展形势相一致，他的活动成为孙中山革命的重要组成部分。有句俗话"秀才造反，三年不成"，形容文人不满现状，想抗争但又软弱胆小。到了蔡元培这里，把这个词就升级换代了。别人是"秀才造反"，他是"翰林革命"，雄猛刚烈。

绍兴人的明智与能干的性格也体现在光复会的这些骨干们

---

①　黄炎培（1878 年 10 月 1 日—1965 年 12 月 21 日），字任之，别号抱一，江苏省川沙县（今属上海市）人，我国近现代著名的爱国主义者、民主革命家、政治活动家和民主主义教育家。

身上。徐锡麟运用亲戚的社会关系迅速打入官场，掌握起枪杆子的实权。秋瑾在督办大通学堂时表面上与绍兴官方打得火热，开学典礼还请知府来讲话。陶成章努力运作，使浙江会党势力日益强大。光复会会员最初只有四五十人，到1905年初增至六七百人。

干革命归干革命，蔡元培比那些会党首领的粗质豪爽，以及年轻学生的奔放热情，多了很多书卷气。

"元培德行有余，而方略颇短，性又好学，不耐人事烦扰"，会党首领陶成章后来曾这样形容身为光复会会长的蔡元培。这大概也就是书生闹革命的一个侧影吧，既有舍生而取义的节操、高绝的理念，但却不太谙于实务，善于把握宏观的大方向，一到具体细致的工作又有点儿挠头。但是，蔡元培儒厚的风格、赤诚的人格和亲和力已经足以使他得到诸多同志们的景仰了。

光复会成立的第二年，即1905年，孙中山、黄兴、陈天华等人在日本成立同盟会，比光复会晚了一年。孙中山成立同盟会的原因是当时中国国内的反清革命团体缺乏统一领导，不能形成合力。鉴于蔡元培的影响，同盟会在成立后，把蔡元培任命为上海分会会长。蔡元培一时成了同盟会和光复会的双料会员。

蔡元培这时可没有考虑自己的小团体利益和宗派，他从革命形势的大局出发，在接受孙中山的委任后，他便积极地说服光复会同志，化解罅隙，把光复会置于同盟会的领导之下，停止以光复会名义在上海的活动，这就为孙中山的革命事业平添了一股生力军，扩大了其在国内的影响。

这之后，部分光复会会员并不完全认可孙中山的领导，或独立或继续以光复会名义活动。1907年，徐锡麟发动安庆起义，失败牺牲；同年秋，秋瑾在绍兴大通学堂谋响应安庆起义，被捕就义；次年，熊成基在安庆发动岳王会起义失败；1910 年（宣统二年），陶成章在日本重建光复会。

早在蔡元培到南洋公学任教的第二年，1902 年 4 月，他就与叶浩吾、蒋观云等同志一起在上海发起成立了"中国教育会"和"爱国女学""爱国学社"，并被推举为会长、总理。这些组织则成了蔡元培革命工作最好的掩护。

1904 年，经何海樵介绍，蔡元培加入反清政府的秘密暗杀团，并邀钟宪鬯、俞子夷等人参加。为制造暗杀工具，蔡元培找来懂化学的朋友，还弄来一只猫进行试验。开始，他们造出一种液体毒药，给猫服下，只几滴便毒死。但蔡元培觉得，液体毒药使用起来不方便，也容易被人发现。于是他从日本邮购了一批药物学、生药学、法医学方面的书，从头进行研究，随后，开始自己试制炸药和炸弹。

制造的工作庄严而神秘。在秘密制造工厂中供奉着中华民族祖先黄帝的牌位，试制前，蔡元培等一众志士写好誓言，人手一纸签上自己的名字，神情严肃。有人宰掉一只鸡，将鸡血洒在纸上，又滴入酒碗。然后，大家一齐向牌位跪下宣誓，尔后将鸡血酒一饮而下。仪式过后，人们将宣誓纸条揣入怀中，制造炸药的工作便正式开始了。参与其中的俞子夷后来回忆说：

　　蔡师知道我对化学有兴趣，嘱我研制毒药，所需器材由科学仪器馆供应。……我课余读书，试验，试制氰酸，一试即成。蔡师嘱工友弄来一猫，强令其服，只几滴，猫即中毒死。蔡师认为液体毒药，使用不便，易被人发觉，必须改制固体粉末。于是向日本邮购了一批药物学、生物学、法医学等书，从事研究，但无大进展，而研究的对象，不久即转向炸药。试制炸药有个秘密组织,人数不多,地点在冷僻的弄里,邻近全是贴召租的空屋。①

陈独秀、章士钊、刘光汉等人随后也加入这个秘密组织。陈独秀后来曾回忆这段经历说:"那时杨笃生、何海樵、章行严等,在上海发起一个学习炸药以图暗杀的组织,行严写信招我,我由安徽一到上海便加入了这个组织。住上海月余,天天从杨笃生、钟宪鬯试验炸药。这时子民先生也常常来试验室练习,聚淡。"②

在蔡元培出任北京大学校长后,林语堂还曾在校长室玻璃柜里看到陈列着当年蔡元培和同志们制作的炸弹,这也许是他对这一段革命生涯的怀念。

蔡元培所做的事情不可能完全躲过朝廷的耳目。清政府得知相关消息后非常恐慌,两次开列出逮捕革命党人的名单,而蔡元培的名字都排在第一位。但由于爱国学社设在租界里,清政府想抓蔡元培的目的并没有达到。

不但要武斗,还要文争,蔡元培还积极地制造推动社会变革的舆论。这里要提到蔡元培干的另一件革命事业:办报纸。

蔡元培等人把当时在上海出版的《苏报》变成了爱国学社的机关报,在上面发表文章、宣传革命,弘扬民族主义。同时还与人合作出版《俄事警闻》(后改名为《警钟日报》)号召革命。蔡元培在上面发表政治小说《新年梦》,痛骂清朝统治者

---

① 俞子夷:《回忆蔡元培先生和草创时的光复会》,《文史资料选辑》第77辑,中国文史出版社,1981年,第9—11页。

② 《蔡子民先生逝世后感言》,陈独秀,载1940年3月24日《中央日报》。

"厚脸皮",是"糊涂东西",呼吁国人推翻满清政府的封建专制统治,驱逐帝国主义势力,收复被侵占的国土,最终造就一个强大的新中国。

没有钱办不成事,为筹措办报以及其他革命活动的经费,一天,蔡元培启程前往南京筹款。当来到码头正准备上船时,忽然传来消息:他的大儿子在家中病死了。听到这个大不幸的消息,作为父亲的蔡元培心如刀割。但蔡元培强忍内心的悲伤,家也不回,毅然登船而去向古城南京进发,三天后如愿借得六千元而归。

办《警钟日报》的时候,蔡元培不仅剪掉了辫子,也不再穿旧式的长袍马褂,而改穿新式的德国装(即中山装),外套一件蓝色棉大衣。冬天的上海天气非常寒冷,报纸的编辑室里又大又空,也没有火炉。张罗报纸出版的蔡元培右手冻疮溃裂,肿得像个大馒头,他只好在右手上套一个半截露指的手套,左手放在大衣口袋,一边发抖、一边给报纸写文章。蔡元培每天晚上必须赶在出版之前写两篇报纸评论,一篇是文言的,一篇是白话的。

编辑所的印刷、发行乃至于办公人员的伙食、种种开销,这些繁琐的事情蔡元培都得操心。到了过年时,蔡元培发现编辑所里的账上一分钱都没剩,只好向人借了一串珠子让同事拿到典当铺子去抵押换钱。结果,典当铺的老板说珠子是假的,只能当一元钱,让他大失所望。这样一来,大家也就只好不过年了。

但最让蔡元培着急的还是报纸的销路和影响力。为多卖报纸,他让一位工人老乡背着一面旗子,上面写着爱国标语,或画上爱国漫画,然后手里敲着一面小锣,带着报纸到街上叫卖。

这种新奇的促销手段倒也有效,每天居然比平日能多卖出一二百份报纸。蔡元培非常高兴,用他家乡的绍兴话直夸这位工人:"真弗错气"(真不简单的意思)。

1903 年夏,清政府逮捕章太炎和邹容,查封《苏报》,制造了轰动一时的"《苏报》案"。蔡元培不顾个人安危,每月都到监狱去探望邹容和章太炎。邹容在监狱病死,悲痛的蔡元培积极参与办理他的丧事、举行追悼大会,并在墓地建立了邹容纪念塔。他还去迎接章太炎出狱,并送其去日本。

那时,有个叫沈荩的爱国志士因发布清廷和俄国人勾结的消息,被清廷逮捕,用竹鞭打得全身血肉横飞,最后刽子手用绳索勒死了沈荩。消息传出,上海的革命志士异常悲愤,在愚园举行追悼会,蔡元培当众演说,痛骂清朝廷政治暴虐、蔑视人权,听众闻言而感,全都流下了热泪。

但是,与同时代的革命党人并不尽同,蔡元培的革命主张是相对温和的。

当民族革命被推向最高潮时,"誓杀尽鞑虏,流血满地球"的激烈言论成了革命党人中的一种主旋律,尤以邹容的《革命军》为代表。就在这时,蔡元培在《苏报》上发表了《释仇满》一文,给民族革命的过度狂热作了降温处理。他的言论更合乎情理、更能服众:"满人之血统久已与汉族混合,其语言及文字,亦已为汉语汉文所淘汰。所可为满人标识者,惟其世袭爵位及不营实业而坐食之特权耳。苟满人自觉,能放弃其特权,则汉人决无仇杀满人之必要。"① 也就是说,革命的对象更应该是专制腐朽的政权,而不应该针对满人。革命往往是流血、激

① 《传略》上,《蔡元培全集》第 3 卷,第 324 页。

情、过激的代名词。而在同期的革命同志中间，像蔡元培这样能保持冷静和理智的人，是少见的。

翰林造反——蔡元培思想的深层分析

北大学者张寄谦（1925—2012）曾这样评价蔡元培："纵观晚清数十年间，以名翰林而毅然抛弃前程、背叛本阶级、投身推翻清朝的革命，以后又能毕生坚持爱国事业的，仅蔡元培一人而已。"再放大里说，自唐代迄于清代，1200多年间科举制度下产生的翰林何其多。但主动参加革命党，去"革"给予自己身份、名位的封建秩序之命的，除了蔡元培，数不出第二人。这是值得人们思考的事。

亡国灭种的危机无时无刻不刺激着心怀天下的有志之士，去探索挽救危亡的出路。但一般而言因各人生活环境、个人经历和所受教育及社会地位的不同，其所选择的救亡道路各不相同。

以辛亥革命时期的新式知识分子为例，出身于中上层家庭且具有科举功名者，身处"体制内"的他们一般奉日本、沙俄或者英国经验为改造中国社会的圭臬，视反清革命为畏途，这些人一般主张在现成体制内进行社会改良；而出身于中下层的新式知识分子，他们改换现实的意愿更为强烈，多奉美国独立革命、法国革命道路为楷模，很多人走上"体制外"的激进改革，即暴力革命的道路。

按这个规律说来，蔡元培无疑是一个大大的例外。

蔡元培是以名翰林的身份投身到推翻现政权的暴力革命。在封建社会，取得翰林的身份，也就意味着已跻身统治阶层的中上层。在中国传统社会里，对于一个普通读书人一生的大愿、光耀门楣的结果，到这般也几乎是登顶造极了。尤其自清中叶以后，大学士、军机大臣、总督、巡抚这些权倾一时的职位多是由翰林出身者担当。翰林的前途，即使不是督抚重臣，仅仅终老于翰林院也足以誉满天下。而蔡元培就具备了这样的名分。

蔡元培能在自己正春风得意之时，投身到反清的民主革命中，甚至以文士之身投身革命暗杀活动，这不能不令人慨叹。事实上，我们可以说越是优秀的知识分子，越能超越自己的身份、名位、时势来接人处世，就越是具有独立的人格。蔡元培就是如此。

蔡元培能基于大义而跳出自己的身份、名位，从根本上来讲，仍然来自于他在儒学熏染下形成的品质，比如"经世致用"的理念。一般说来当中央政权强大、社会民生平稳安定时，也就是所谓的"治世"，儒士的经世观念就隐而不彰；而一旦社会危机四伏、专制衰弱、内忧外患纷至沓来之际，治国平天下的经世意识就会被激发出来，这种意识使他们能义无反顾，舍生而取义。

蔡元培所处的时代正是中国社会最激烈动荡、国家最衰微的时代，他的青壮年时期，在中国发生了中法战争、甲午战争、八国联军侵华，以及戊戌变法、义和团运动等足以撼动国本的大事件。风雷激荡的社会状况强烈激发了蔡元培内心深处的忧患意识，也为其经世思想的实践提供了历史条件。

此一时期，一大批有影响的儒学思想家，如林则徐、魏源、龚自珍、姚莹、何秋涛等，以治国平天下自许、以挽救民族危亡为己任，在当时中国思想学术界形成了蔚为大观的竞相追求新知的盛况，为蔡元培汲取经世思想提供了丰富的思想养料。蔡元培受龚自珍影响尤巨。他自1888年即开始研读龚自珍的著作，"自戊己来，读定庵先生文，喜而学之"，故反复阅读并作详细读书札记，对龚自珍的思想、行文风格十分熟悉。龚自珍主张"更法"，蔡元培则强调社会由"据乱世"过渡到"升平世"，必须有量的积累，也隐含着"更法"改革的要求。时人有评，称蔡元培可谓当代的龚自珍。

当我们再回看蔡元培的翰林"造反"事业，他对于自己的身份，这时早不以翰林为重，而更以一个儒士底蕴、家国天下的新知识分子为重，他干革命的思想动机，也就不难理解了。

从表面上看蔡元培很反传统，实质来看，蔡元培自身的作略，其思想底蕴恰恰来自于儒家学说的熏染。问题就在于，正是蔡元培用自己的人生践行着儒家的一些内在精神，这恰恰使他对于儒学、中国传统文化的一些外在的形式不那么看重，乃至于很快就能坚决地转到投身革命，以及后来宣扬新知、新文化的队伍中去。

他骨子里透出来的担当和关怀天下、奋不顾身的责任感，不为个人得失斤斤计较，又谦和而不冥顽，这些都可说的上是儒士风骨的延续。

第三章　游学德国

世界学术德为尊

19 世纪末 20 世纪初，中国社会经历着"数千年未有之变局"，在此新旧交替的过渡期，一些有识之士开始出国留学、开眼看世界，希冀从西方强国寻求救亡兴国之道。

对蔡元培而言，此前的十数年里，主要是通过中国先觉的知识分子及日本学者翻译的西方思想学说来了解和认识世界的形势和最新思潮，这些书籍也确实启蒙了他的诸多新思维。

但是百闻不如一见，从书上读到的毕竟是第二手的资料，况且，还夹杂着译著者自己的主观认识乃至于偏见。亲身到西方文化的发源地去看一看，挖掘更多的思想源泉、磨砺改造中国的思想利器，成了蔡元培梦寐以求的事。

20 世纪初，中华大地上出国留学或考察蔚然成风，但大多是晚清政府公费官派的留学生，所去国又以日本为主，去欧洲的很少。蔡元培曾于 1902 年夏到日本游历，但是他于留日并无兴趣。原因在于，日本虽然是一个善于学习的国家，这时通过学西方进行了明治维新，使得国力陡然走向强盛，但是这里并不是近代工业、近代思想和社会经济制度的发源地。

蔡元培一心想去追寻欧洲文明的源头，他梦想中的游学目的地是德国。

1903 年 6 月中旬，因爱国学社与中国教育会的同志意见不合，发生了分裂，蔡元培便离开了爱国学社，去青岛学德语，为赴德留学做准备。次年，蔡元培的女儿出生，蔡元培取名"威廉"，尔后，他又为 1906 年出生的儿子取名"柏龄"（柏林）。为子女所取的这两个德国式的名字，可见蔡元培对赴德求学的向往和决心。

出国是为救国谋。蔡元培坚定地把留学目标定为德国是因为，在他看来德国是当时欧洲以至世界上哲学、教育学最发达的国家，在那里最能学到对中国有益的新知。

在西方近代教育的发展进程中，德国曾做出过重要贡献。赫尔巴特的《普通教育学》被认为是第一部具有科学体系的教育学著作。福禄贝尔创办的幼儿园影响了世界学前教育的发展。近代西方的教育视导、公立教育、义务教育制度、实科教育、师范教育、双规学制和双元制职业教育等，也大多起源于德国，并对其他国家产生了重要影响。

拿破仑战争后，普鲁士引进了教师需要国家认证的制度（1810 年），这提升了教师的教学水平。1812 年，普鲁士开始设

置中等学校的升学考试（这在 1788 年已被发明）；到了 1871
年，整个德意志帝国都接受了这种制度。1871 年后，德国的学
校教育开始变得较系统化和国家化。更多的学校被建立，用来
训练教育良好的年轻人。

"救国必以学，世界学术德为尊，吾将求学于德"。在给清
廷学部的留德申请呈文中，蔡元培这样写道："窃职素有志教育
之学，以我国现行教育之制，多仿日本。而日本教育界盛行者，
为德国海尔伯脱派。且幼稚园创于德人佛罗比尔。而强迫教育
（即义务教育）之制，亦以德国行之最先……欧美各国，无能媲
者。爰有游学德国之志……至少以五年为期。冀归国以后，或
能效壤流之助于教育界。"①

蔡元培在给清政府呈文
里的这一番话，倒是肺腑
之言。

1906 年底，蔡元培听
说清政府将公派几名翰林院
编检出国留学，不由得再次
激起他"抱之数年"的留
德梦想。他立即从故乡绍兴
赶回京城，但当时"愿赴欧
美者人数太少，而政府又拙
于经费，悉改派赴日，孑民
不愿"。蔡元培一直认为
"游学非西洋不可，且非德

① 《为自费游学德国请学部给予咨文呈》，《蔡元培全集》第 1 卷，第 394 页。

国不可"。①

他决定放下翰林学士的身段，自费赴德。

1907 年 4 月，清政府任命孙宝琦为驻德公使，这为蔡元培赴德提供了机会。孙宝琦的弟弟孙宝暄与蔡元培是故交。由于孙宝暄的介绍和蔡元培的登门拜访，孙宝琦答应让蔡元培在使馆任职，且每月资助学费 30 两（合 42 银圆）。同时，蔡元培还通过挚友张元济与上海商务印书馆商洽，特约他在德国为该馆翻译德文著作，每月付给稿酬 100 银圆。这两笔收入远不能解决蔡元培在德国的费用和国内妻儿的家用，但蔡元培迫切的心情使他也顾不了许多。蔡元培抛家别子，于 6 月随孙宝琦一行前往德国，开始了他的首次欧洲之行。

半佣半丐之生涯

据统计，清末留德的中国学生前后总计有 114 人，其中官费生 87 名，自费生 27 名，年龄多数不到 25 岁。在早期众多的留学生中并不乏自费生，但是，蔡元培可谓是不依赖国内支持、"半工半读"的第一个留学生。而且当时的蔡元培已是年近四旬，年纪远远超过其他留学生。

蔡元培在德国第一年居住在柏林，由于经济拮据，生活非常艰苦，他曾以"半佣半丐之生涯"来形容自己的这段德国求学生活。为解决在德国生活和求学的费用，蔡元培在孙宝琦的介绍下，为时在柏林留学的唐绍仪之侄等四人做国学家庭教师，月薪 100 马克（合 55 银圆）。

---

① 《蔡孑民先生言行录》，广西师范大学出版社，2005 年 1 月版。

在为他人补习国学获得一定生活费用的同时，蔡元培还要请老师为自己补习德语。蔡元培虽在青岛时学过德语，但远没过关。德语那生疏的文法、拗口的发音对年近四十的蔡元培来说，学习起来艰难程度可以想见。蔡元培自述："我在柏林一年，每日若干时学德语，若干时教国学，若干时为商务编书，若干时应酬同学，实苦应接不暇。"①蔡元培赴德本意在于求学新知，勤工是为了俭学，"若长此因循，一无所得而回国，岂不可惜"。为不耽误学业，他决意要改变这样的生活。

1908 年暑假，蔡元培便申请就读德国最有名的柏林大学，但因不能提供中学毕业证书而无法注册入学，他只好离开柏林前往莱比锡大学。莱比锡大学是德国一所有 500 年历史的著名大学，该校设有中国文史研究所，主持该所的康德拉（中文名"孔好古"）教授早年曾在北京译学馆任教，他十分乐意招收中国学生。蔡元培便由康德拉教授介绍顺利入学。在填写入学申请表时，蔡元培担心自己年龄太大而不被录取，就把年龄少写了 5 岁，实际年龄 40 岁写成了 35 岁。

凡时间不冲突者，皆听之

与其他人求学不同，蔡元培把在德国的求学称为"游学"，而不是"留学"，因为他的目的并不是为拿学历或者学位，而完全在于汲取知识、开阔眼界。

一到德国，蔡元培便试图全面了解西学的核心要义。他深知，国家之间的互动在本质上来讲就是文明的碰撞，而哲学则

---

① 《自写年谱》，《蔡元培全集》第 7 卷，第 298 页。

是每一种文明的根本。蔡元培要借由追溯西方文明的源头，以探究中华的未来之路。

也就在蔡元培入读德国莱比锡大学的 20 世纪初，这一时期，康德、叔本华、歌德、莱辛等具有划时代影响的思想家们的哲学和艺术思想，在德国大学正占据着重要地位。蔡元培身居其中，学泛众家。蔡元培在莱比锡大学虽然注册的专业是哲学系，但他跨学科地广泛选修了各类课程。在 1908 年 10 月到 1911 年的短短 6 个学期里，蔡元培选听了 40 多门课程，每学期近 7 门。凡哲学、文学、教育学、心理学、美学、民族学、绘画艺术论等，"凡时间不冲突者，皆听之"。这种近乎狂热的求知欲简直可以用"如饥似渴"来形容。

一番穷追猛学下来，蔡元培给吴稚晖的信中不禁感叹：

> 拾取零星知识，如于满屋散钱当中，暗摸其一二，而无从联贯，又或拾得他人弃掷之钱串，而曾不名一钱，欲摸索一二相当之钱以串之，而顾东失西，都无着落，惟终日手忙脚乱，常若债负，与日俱增而不知所届。[①]

这是情有可原的。在蔡元培最初的想法里，知识当然是要掌握得越多越好，但东方的思想是归纳式的，你总能在自己的知识架构中为新知找到一个位置，但西方思维的发散性，使得在思想界永远会出现全新的打破原有思维框架的知识，这难免让蔡元培一时间有茫然失措之感。

在莱比锡大学的老师中，蔡元培最佩服的是哲学家、实验心理学创始人冯德和历史学家兰普莱西，他们开设的课，蔡元

---

① 《致吴敬恒函》，《蔡元培全集》第 2 卷，第 113 页。

培每学期都选修。

蔡元培说，"冯德是一位最博学的学者"，他的著作"没有一本不是原原本本，分析到最简单的分子，尔后循进化的轨道，叙述到最复杂的境界，真所谓博而且精，开后人无数法门的了"。① 而这正是想要对西学追本溯源的蔡元培想学习的内容。

兰普莱西是位史学革新者，他在校内创设的文明史和世界史研究所，原本只招收三四年级的学生。但当知道蔡元培是"清朝翰林"，便破例招他入学。因此，1910 年至 1911 年，蔡元培还从事文明史和世界史的学术研究。

蔡元培通过与德国著名教授们的"亲密接触"，接受了西方式基本的严格学术训练，形成了自己对现代学术规范以及大学教育模式的基本认知。

因旺盛求知欲所产生的"滚雪球效应"，使蔡元培在德国的求学变得十分广博。学问的门类太多了，既要广博，又要一门深入。他博而学之，是为了精深做预备。蔡元培在《自写年谱》中回想到：

> 我向来是研究哲学的，后来到德国留学，觉得哲学范围太广，想把研究范围缩小一点，乃专攻实验心理学。我看那些德国人所著的美学书，也非常喜欢。因此，我就研究美学。但美学理论，人各一说，尚无定论，欲于美学得一彻底了解，还须从美学史研究下手，要研究美术史，须从未开化民族的美术考察起……②

---

① 《自写年谱》，《蔡元培全集》第 7 卷，第 298 页。
② 《自写年谱》，《蔡元培全集》第 7 卷，第 300 页。

从上面这段话也可看出，蔡元培毕生提倡美学的发端。

在莱比锡大学期间，蔡元培选读了几门美学课程，业余时间常常参观当地美术馆、博物馆。他还练习过钢琴和小提琴，观看了大量的话剧、小歌剧，对美学产生了浓厚兴趣。他在《自写年谱》中回忆："我于讲堂上既常听美学、美术史、文学史的讲演，于环境上又常受音乐、美术的熏习，不知不觉地渐集中心力于美学方面。"

蔡元培"到40岁，始专治美学"，指的就是他在德国游学的时期。1912年，他首先将"美育"一词引入中国，"美育的名字，是民国元年我从 Asthetische Erziehung（德语）译出，为从前所未有"，"美育者，孑民在德国受有极深之印象，而愿出全力以提倡者也"。蔡元培后来主张的"美育为学"、"德智体美"四育、"以美育代宗教"等，显然萌发、形成于德国游学时期。

蔡元培在德国期间，十分注重研究德国教育制度，翻译了许多德国教育家的著作。他读过著名哲学家、柏林大学博士包尔生的名著《德国大学与大学学习》，该书的绪论部分比较了德国与英国、法国大学的特点，介绍了德国大学把教学与研究"融合为一"、注重纯学术以及教授治校的原则，他认为如此种种都"颇足参考"。这为蔡元培日后在中国的大学管理方面提供了重要的理念。他将该书的绪论部分译成中文，以《德意志大学之特色》为题，发表于1910年第11期的《教育杂志》上。

蔡元培对德国大学教育制度的观察与思考，使他从泛泛的"教育救国论"者转为"学术救国"或"大学救国"论者，为其日后把精力倾注于中国近代的高等教育、倾力改造北大提供了动力。

蔡元培还利用渊博的国学知识在德国传播中华文化，推动中德文化交流。

在兰普莱西的研究所学习时，蔡元培帮助倾心汉学的但采尔翻译有关中国象形文字的资料，两人结下深厚情谊。1924 年冬，时任汉堡大学教授、汉堡民族博物馆馆长的但采尔邀请蔡元培去做民族学研究；蔡元培在任中央研究院院长时，也邀请但采尔来华并聘其为社会科学研究所客座教授。

蔡元培还与勒杜尔、安采尔、慕思德柏格等德国同学一起，在孔好古教授主持的中国文史研究所鉴别中国文物，帮助孔好古整理在甘肃楼兰发现的古代文献。孔好古于 1920 年公布了这批简牍与文书，引起中外学术界的轰动。

伦理学的开山之作

在德游学时期，是蔡元培潜心治学、辛勤笔耕的黄金期。他在这里进一步形成良好的西方学术修养，摄取各类学术精华，又以深厚的国学底蕴，形成了对东、西两大文明的独特认知，这为他后来回国后领导全国性的文化教育事业革新奠定了思想和学术基础。

蔡元培以"爬格子"的方式半工半读，在这一期间编著了《中学修身教科书》，编写了《中国伦理学史》，翻译了《伦理学原理》。这些著作奠定了蔡元培在中国学术和教育界的地位。

《伦理学原理》于 1907 年出版后，至 1921 年再版 6 次，后编入"汉译世界名著丛书"；他著写的《中国伦理学史》则被称为"中国现代伦理学的开山之作"；《中学修身教科书》至 1921 年则曾经再版 16 次，是民国初期国内中学深受欢迎的教科书。

今天我们看蔡元培的《中国伦理学史》，以为它是一部学术作品。实际上，它仍然是力图为中国人寻找新的精神定位。从社会学的角度来讲，社会大变乱时期，旧的道德秩序、行为规范、社会规则已经改写，即所谓的社会"失范"，社会成员面临着遵行什么样的伦理规范，才能适应新时代的问题，社会则面临着重建伦理秩序的问题。

为社会建立合理适时的伦理规范，规范每个个体行为，这是社会有序和健康运行的关键。那么对于社会成员的伦理规范的制定合理合宜的规则，以及对社会成员个体人格的好的培养就显得格外重要。20世纪初期，梁启超、孙中山等各个领域的领军人物都曾不约而同地谈到人类的人格问题，强调人格的重要，重视人格的培养。梁启超于1903年著文《论中国国民之品格》；孙中山于1923年则作了《改良人格来救国》的演讲。

蔡元培于1918年谈到教育时曾郑重提出，学校教育的本质和核心是人格教育，否则，就是教育的堕落，继之以人的堕落。"然则，进化史所以诏吾人者：人类之义务，为群伦不为小己，为将来不为现在，为精神之愉快而非为体魄之享受，固已彰明较著矣。(《世界观与人生观》)"

蔡元培写《中国伦理学史》一书，梳理自秦汉以来的伦理思想脉络，尤其关注人的道德存在。这倒可以看作蔡元培为了"为生民立命"而做的"为天地立心"的一个尝试。在弥留之际，蔡元培的遗言中也曾有"我们要以道德救国，学术救国"的话。

早在清代晚期他就认为："吾国夙重伦理学，而至今尚无伦理学史，迄及伦理界怀疑时代之托始，异方学说之分道而输入者，如风如烛，几有互相衡突之势，苟不得吾民族固有之思想体系以相为衡准，则益将彷徨于歧路，盖此事之亟如此。"然而又深知"当代宏达似皆为遑暇及"，于是他"用不自量，于学课之隙，缀述是篇"。① 在德留学四年中，他编著了《中国伦理学史》，这样就诞生了我国近代的第一部伦理学史专著。

在西学东渐、中西文化交流大潮中，蔡元培审时度势，一方面积极主动地译介、传播西方伦理学说，同时又注重中西伦理学说的比较、融合，力求建构具有新时代、新特点、新方法的中国伦理学，在伦理学方法、伦理学原理、伦理学史诸多方面，为中国近代伦理学的建构做出了重要贡献。

《中国伦理学史》全书分绪论、先秦创史时代、汉唐继承时代、宋明理学时代四大部分32章，系统地介绍了我国古代伦理学界重要的流派及主要代表人物，并阐述了各家学说的要点、源流及发展。这是第一部系统整理和研究中国古代伦理思想发生、发展及其变迁的学术著作，阐述了从孔子到王阳明等28位思想家的伦理思想，附录中列叙了戴震、黄宗羲、俞正燮三人的道德学说。

---

① 《中国伦理学史·序例》，《蔡元培全集》第2卷，第1页。

第二篇

蔡校长的北洋时代

第一章　清末至民初的教育界

中国古代学校的制度

在西风东渐、中西文化交汇融合的今天，许多人渐渐忘却、抛弃乃至于鄙夷一些古代的传统，但殊不知，中国人曾经发明了世界上最具智慧、最符合人性的一套教育方式和教育制度。

我们很有必要在此稍微回顾一下中国古代的教育历史。因为，中国传统的教育制度即将在后面的篇章里发生颠覆式的变革，恰恰也就是蔡元培等人主导了这场变革。

中国古代至晚清，中式的传统教育主要发展出了以下几种形式：

（一）府学和县学。它们是为开科取士而设立的，是地方性的官学，属于教育、研究和行政的统一体，对于一个地方的教育发展起着指导作用。府学与县学由官府任命教授人员，教学内容专攻儒学。学生主要由学校供给膳食。

（二）书院。它是中国古代特有的教育组织形式，始于唐末五代，至宋代有较大的发展。它的教育目的、教学内容、教学方式和组织管理都有许多不同于府、县学的特点。学习方法以个人钻研为主，学习内容以经学为主，兼学古文、制艺，发展至后期，又兼学历史、舆地、说文、算术、金石。书院经费大都由创建者捐助，少数官办。书院与地方官学相比，规章制度、课程设置较周详，注重精研古学，经费来源主要依靠学田供给。书院掌教人选，大都是素孚众望的学者。

（三）社学和义学。它是元代发展起来的封建社会初等教育单位。至正九年（1349），达鲁花赤八不沙建立社学一百三十余所。元代社学基本上为官办，明洪武八年（1375）诏府、州、县每五十家立社学一所。

（四）私塾和家塾。它们是历史悠久、设置普遍的初等教育单位，它在中国至 1949 年后才消亡。陈登原《国史旧闻》卷四十八举自晋至两宋的事例说明："其一，弟子从师，是为私塾；其二，师从弟子，此则当为家塾。"私塾大抵有四种类型：一是以官款或地方公款设立，收教贫寒子弟；二是由义庄或宗祠设立，专教一姓子弟；三是有一家或数家设塾，延师教其子弟；四是塾师自行设馆，招收附近学生。它的教学内容从识字开始，主要教材是《三字经》《百家姓》《千字文》《幼学琼林》《千家诗》，以及《四书》《五经》《古文观止》等，目的是学习八股文，为科举考试做准备。

虽然中国的传统学校有如上的种种形式，但总的来说，中国传统的教育向来是以私人教育为主流的。自孔子开创此传统，因此他被尊称为"至圣先师"，中国的教育，主要都靠民间私人教育。县学、府学、太学，有时兴盛，有时衰微，而且名额有限，所以大部分文人不是官学培养的。儒家私人教育，以求道行道、济世安民为目的，用之则行、舍之则藏，所谓君子不器，君子是修身求道的，不是为考试而生的。

中国古代的传统教育一直贯穿着忠君教育，如果从某种角度说，这种教育也可以说是一种意识形态的灌输。中国向来是一个大一统的国家，国家的统一符合全民族的利益，所以在意识形态上几千年来形成了"独尊儒术"的局面。儒家的言教被当政者很好地利用，与政权的稳定和秩序高度结合起来。

当然，传统的圣贤言教并不仅仅是为统治者服务这么简单，它蕴含着富于智慧的人性之学。从另一个角度来说，正是由于"学而优则仕"的风气，使得儒学的经典和言教得以在社会生活中流传，而不是沦为绝学。进则儒、退则佛道，这成了中国古代知识分子的精神写照。

总体来讲，古代社会物质尚不丰裕的情况下，中国的传统社会中得到受教育机会的只是极少数人，教育是一种稀缺资源，这远远无法适应近现代的世界潮流。

"强迫教育"吓坏了爹娘

西风东渐，给东方故国吹来了阵阵新风。清朝光绪末年，一份名为《强迫教育章程》的清政府官方文件出炉，这份由清朝学部颁布的文件简陋得只有 10 个条款，却从某种意义上说开了近代义务教育的先声。

旧时的所谓"强迫教育"，其实类似于今天所说的"全民义务教育"。《强迫教育章程》规定，全国各地官府必须广设劝学所，各个省城须设蒙学 100 处，各府州县设 40 处；孩子满了 7 岁必须入学，否则"罪及父母"；朝廷每过两年考核，地方官如果敷衍塞责，查实后予以处罚；如有地方绅士捐资助学，也会给予奖励。

朝廷的诏令一出，相关的清朝地方官员忙作一团。"强迫教育"压根儿就是个新事物，大家以前从来没听说过，官府也没好好跟老百姓解释，只是翻来覆去强调"幼童不入学，将罪及父母"。在广州，警察纷纷出动挨家挨户上门调查统计适龄儿童数目，为"强迫教育"的实施做准备。

这么一来，硬是把一个好好的"德政"变成了闹剧。家有孩子的父母心里全打起了鼓：警察挨家挨户上门，会不会把孩子锁起来，押进学堂去？左邻右舍一商量，大家认为还是把孩子先送进私塾避一避为好。结果广州城内各处私塾人头攒动，家长们的首要目标就是为孩子挂个名，拿个学籍，以免被警察拘了去。爹娘忧心如焚，私塾先生趁机提价，倒发了笔小财。"强迫教育"本意在于减少文盲、惠及民众，这样一来倒成了不折不扣的扰民之举。

这时的清王朝已日薄西山，这样大规模地办教育，需要的是财力以及高效的组织能力，几乎不可能办下去。结果，推广"强迫教育"的措施只能是雷声大、雨点小。随着清王朝走向覆灭，《强迫教育章程》最后也就不了了之。

"教育救国"的滥觞和勃兴

19世纪末，大清帝国的溃败刚刚开始。1895年的甲午海战中，时年19岁，还是北洋水师学堂学生的张伯苓①随军舰出征，

----

① 张伯苓（1876—1951），原名寿春，字伯苓，生于天津，中国著名教育家。他以教育救国为毕生信念，创办南开中学、南开大学、南开女中、南开小学和重庆南开中学，接办四川自贡蜀光中学，形成了著名的南开教育体系，被尊为"中国现代教育的一位创造者"。

他眼见清军的第一艘兵船刚刚出海，即被日舰击沉，年轻而沸腾的热血第一次遭受了无比沉重的打击。

甲午战败后，张伯苓目睹威海卫在两天之内由日本旗换成英国米字旗。山河的屈辱使他深受刺激，意识到自己之前怀有的以强大军力与外国周旋的想法是浅薄的，他同时认识到，中国的懦弱是全民性的。从那时起，张伯苓意识到要改变国民，只有新式教育。像鲁迅弃医从文一样，张伯苓即从海军退役，去天津名绅严范孙所办的学堂里教课。这所在当时看起来还很新奇的学塾，就是南开学堂。梅贻琦是南开学堂的第一班学生。

像张伯苓这样的学人在当时大有人在，中华大地一时掀起了"教育救国"的潮流。戊戌变法时期，严复认为首先必须兴办教育，开通民智，然后才能实行君主立宪，救复中华。

到辛亥革命时期，一些刊物大声呼吁"教育救国"："亡国亡种，人人不必居其罪，惟教育者之罪；强国强种，人人不得居其功，惟教育者之功。无他，教育者进化之的也"。（《教育通论》，《江苏》第3期）

到五四运动前后，"教育先行""教育救国""科学救国"的观点成为时尚，"科学救国"的主张既强调发展科学技术，又重视发展教育事业。20世纪二三十年代，教育救国论与职业教育、乡村教育、平民教育的实践相结合，形成了一股社会政治思潮。

黄炎培于1917年起组织中华职业教育社，他认为职业教育是"救国要图"。还认为中国最困难、最重要的问题是生计，解决生计问题唯有教育。他主张以职业教育来解决生计问题，最后达到救国救民的目的，他为此做了大量的工作。

陶行知则于1920年建立了中华教育改进社，倡导平民教育、乡村教育，企图通过教育的力量去"沟通"阶级关系，改良社会。他提出了"筹募 100 万元基金、召集 100 万位同志、创办 100 万所学校、改造 100 万个乡村"的豪壮设想，认为建立 100 万所乡村学校就可以挽救国家的厄运，创造一个安居乐业的社会遗留后世。他身体力行，创办南京晓庄师范，实践"生活教育"的原则，希望通过教育开辟一个新的天地。

总的来讲，把中国落后的一切原因都归咎为教育不良，企图通过发展教育的办法来拯救苦难的中国，这在社会的主要矛盾远远没解决的旧中国显得过于理想化了。但教育救国论者重视教育，重视提高民族文化和人的素质，并为此而奋斗，他们从理论和实践上为中国教育事业的发展做出了贡献，影响可谓深远。

北洋时代——被脸谱化的历史

卿云烂兮，纠漫漫兮，日月光华，旦复旦兮。

这几句诗是民初至北洋军阀时期的中国国歌，它出自《尚书大传·虞夏传》。

这首诗歌描绘了一幅政通人和的清明图像，是上古先民对圣人治国的颂扬。把这首歌选做国歌，寄托了当时中国的政治精英在划时代转折来临之际，对新生国家美好未来的愿望。

1911 年的辛亥革命推翻清王朝后所建立的中华民国，使中国成为亚洲第一个取消帝制、进入民主共和的国家。这其实也反映了中国文化特质中强大的生命力和自省精神，一面临生死存亡的问题，便能迅速甩掉文化中的包袱和糟粕，进行深刻的反省和变革。

　　这里之所以要着重提到清朝覆灭后的中国近代历史进程中的北洋时代，是因为这是蔡元培最为活跃的时期之一，正是在北洋时期，蔡元培在北大孕育出了"兼容并包、思想自由"这一震烁时代的风范。

　　当今天一说起中国20世纪清末民初的北洋军阀时代，人们脑海中的印象是，武人们凭借手中掌握的军队，对内互相火并、争夺地盘，城头变幻、政治纷乱；对外投靠列强、卖国求荣。这种印象显然过于简单化了，我们来看一看北洋时期旧中国的另一面。

　　中国的北洋政府里，既有旧式官僚、政客，也汇聚了一批中国的政治精英和民族主义者。他们积极为中国的复兴出谋划策。

　　在外交上，北洋时期的中国国力贫弱，且一直没有一个强有力的中央政权，加上国际形势错综复杂，因此北洋政府的外交政策时刻在变，从袁世凯的"联合英美，对抗日俄"，到"一战"时的"亲日联美"，再到巴黎和会的"联美制日"，北洋时期的外交政策无一不显得举步维艰、勉力支撑，但也做出了一些维护国家的权益决策。

　　北洋政府利用能运用的资源，先后挫败了英国人企图分裂西藏的"西姆拉条约"和"麦克马洪线"；袁世凯与日本签订的不平等条约"二十一条"未被此后的历届政府承认；第一次世界大战末期，看到协约国即将获胜，北洋政府加入了协约国集团，战后，北洋政府以战胜国的名义先后收回了德国在汉口、天津的租界和奥匈帝国在天津的租界，开创了近代主动收回租界的先河。1922年，北洋政府又收回了青岛和胶州湾。

十月革命爆发后，北洋政府趁俄国内乱之际，决定随各国列强以护侨的名义出兵俄国的海参崴，并废除《中俄蒙协约》，还趁机收回了俄国在天津、汉口的租界，同时短暂控制了外蒙古。

1925年，英国巡捕在广东的英租界开枪打死示威的中国学生，酿成"五卅惨案"，北洋政府以保护英国侨民的名义接管厦门英租界，至1930年国民政府正式完成交接手续。1927年，北洋政府开始与比利时谈判，1931年3月，中国正式收回天津的比利时租界。

在当时的情势下，这些已经是贫弱的中国在外交上能取得的比较理想的结果了。

在经济建议方面，北洋政府时期是中国近代社会的转型关键时期，这一时期的民营企业、华资银行大规模兴起，尤其是第一次世界大战期间及其后的一段时间，国内工业增长迅速。这一时期的民族工业领域主要集中在轻工业上，尤其是棉纺织业、面粉业等都得到了前所未有的发展，奠定了近代中国乃至解放初的一段时期内国内产业的基本格局。

从1913年到1920年间，民营工业资本平均年增长率高达11.90%，这个数字远远高于国营工业资本（3.44%）和外国工业资本（4.82%）的增长速度。一直到20年代初期，中国民族资本的发展势头持续不衰。

另一方面，由于连年的内战，北洋政府时期的军费开支更是达到了惊人的数目，北洋政府存在的 16 年间，全国军费开支 24 亿，相当于 1860 至 1937 年工业建设积累的 2.5 倍，这还不包括战争造成的其他经济损失。至北伐战争后期，军费支出约达 3.8 亿元，而政府的全部收入不过 4.5 亿元。

清末，王朝衰败，再加上胡汉之争，导致政权的合理性受到很大的质疑。这个体制被外来列强打倒，没法再愚忠了，那忠什么？忠于理性，忠于国家或者民族的利益，这成了那个时代知识分子的追求，也成了民国初期教育界的宗旨。尤其在这个时候，专制的政权一时覆灭，而强有力的大一统政权尚未形成，军阀的控制力尚弱，成了文人最活跃的时期，也是实现教育理念最理想化的时期。以至于有人认为，北洋时代是中国历史上最民主、最开放、最自由的时代。

所以那个时代能大家辈出，群星璀璨。这是民族的幸和不幸。不幸的是，民族衰败，幸的是，中央政权控制力的懦弱给了学人思考和活跃的空间，才涌现出了一批照灼后世的划时代的思想家，这在国家高度集权的时期是不可能出现的。

在文化方面，恰恰由于北洋政府中央政权的控制力较弱，社会上拥有了极大的言论、结社自由，极大促进了新文化运动的勃兴。中国近现代几乎所有的大师级学者都涌现于这个时期。从科学学术研究上来说，当代中国几乎所有的社会科学和人文学科都是在北洋政府时期奠基的。

北洋政府时期存在着大量的独立媒体。据统计，辛亥革命之后到袁世凯称帝前，民间办的报纸有 500 多份。据叶再生著《中国近现代出版史》统计，1920 年全国报刊杂志有 1000 多种，甚至"每隔两三天就有一种新刊物问世"。当时，创办一新报刊相当容易，几个大学教授凑在一起，拿出月薪的很小部分就可以创办一个刊物。"五四"时期的 1917 到 1921 年间，全国新出的报刊有 1000 种以上。1927 年日报增至 628 种，发行量更是突飞猛进。仅以《申报》为例，1912 年发行量约 7000 份，1928 年达到 14 万份。

在教育方面，早在 1905 年，袁世凯就联名湖广总督张之洞请求清廷废除科举，推广新式教育。据学部光绪三十三年（1907 年）统计，袁世凯当政的直隶省（今河北省）共办有专门学堂 12 所，实业学堂 20 所，优级师范学堂 3 所，初级师范学堂 90 所，师范传习所 5 处，中学堂 30 所，小学堂 7391 所，女子学堂 121 所，蒙养院 2 所，总计 8723 所。

为解决对新式军官的迫切需求，在筹建和扩编北洋新军期间，袁世凯曾带头从自己每月薪金中取三分之一（200 两）作为奖学金，来资助由北洋所创办的新式军事学堂中的学生。

到 1912 年，中华民国教育部明确规定："初小、师范、高等师范免收学费，教育、科学、文化之经费在中央不得少于其预算总额 15%，在省不得少于其预算总额 25%，在市、县不得少于其预算总额 35%，其依法设置之教育文化基金及产业，应予保障。"虽然这些规定往往只是流于纸面，但毕竟是反映了当时一部分中国政学两界精英对于教育重要性的认知。

1927 年公布的《大学教员资格条例》规定，大学教员的月薪，教授为 400 元—600 元，副教授 260 元—400 元，教授最高月薪 600 元，与国民政府部长基本持平。

北洋政府注重中国传统文化建设，北洋政府时期中华民国的国歌、国徽充分体现了中国传统文化。民国元年鲁迅、许寿裳、钱稻孙等人根据袁世凯总统府的要求，为北洋政府设计的国徽图案，人称十二章图。图案中含日、月、星辰、山、龙、凤、总彝、藻、火、粉米、黼、黻等十二种吉祥物，象征国运长久美好。另外，袁世凯时期设立的春节影响至今，他还颁布了一系列尊崇伦常、尊崇孔圣的通令。

北洋政府时期的民主氛围为思想自由提供了保障，极大促进了新文化运动的发生和发展。在新文化运动中，各类思潮和主义在中国大地风行。在民主和科学两面旗帜之下，各种思潮自由传播，各种学说百家争鸣，极大地促进了中国人的个性解放和科学文化事业的进步。

大老粗办教育——军阀们的那些轶事

北洋军阀在中国的统治实际上是以袁世凯（1859—1916）当政为肇始。

袁世凯本是清末的干吏。甲午战败时，他弃去在朝鲜的清廷职务回到中国本土，模仿西式军队在天津编练新军。在他的手下栽培出了一批清末民初的军政要人，如徐世昌、段祺瑞、冯国璋、王士珍、曹锟、张勋等。

这些北洋武人们虽然很多是行伍出身，但也不乏有文化的军人。让后人称奇的是，这些人多具民族气节，在政治纷争中失势后，有的虽然落魄，却多宁死不愿与当时侵略中国的日本人合作，以免背上汉奸的骂名。

这些人里面，借重视师道用学问以装点门面者有之，深知文化重要者也有之。这使得坊间也流传着一些军阀重视教育的轶事。例如靠贿选过了几天"总统瘾"的直系军阀首领曹锟。

曹锟出身平民，因遭守城的士兵欺压愤而从戎，得袁世凯提携后升任直隶督军，他的老家保定就成了直系军阀的大本营。

1921 年，曹锟在保定办了一所综合性大学——河北大学，自任董事长。河北大学设文学科、法学科、农学科、医学科，其中文学科又设中国文学系和英文系；学校教师实行聘任制。由于曹锟本人亲自出马办学，这所大学的师资力量在当时非常强。

曹锟常对手下说，自己"就是一个推车卖布的老粗，什么都不懂，办大学就得靠教授"。话粗理正，这倒真有点儿"教授治校"的意味。据说曹锟每逢到了学校，对教授们毕恭毕敬、以师礼待之。他发给教授的工资也超过手下的师长、旅长们。河北大学的教授工资，比当时北京的一些大学稍低，但对于物价比北京低得多的保定，一个月二三百大洋的工资，已属天价。曹锟的副官们每月也只能拿到这个数字的零头。

就是这样，曹锟还感到有些对不住人家，有一次，他看见

教授正在用显微镜做试验，内疚地说："你们这样用脑子，每月那点钱，还抵不上你们的血汗呢。"

一次路过教室，看见夏天课堂上的教授讲课时热得汗流满面，命令校工以后上课要送毛巾给教授们擦汗，后来干脆往教室里装了铁柜，放冰块降温。每逢发工资的时候，曹锟都嘱咐行政人员要把

大洋用红纸包好，再用托盘托着、举俸齐眉，恭恭敬敬地送上前去。

曹锟从不干涉学校正常的教务和用人，但却常这样教育学生，"你们要尊敬教授。这些教授都是我从南北各省精选聘请过来的，今后如发现你们对教授有不礼貌的行为，那么我就要你们的脑袋！"这一番话让举座学生闻之错愕。

没受过教育反倒越重视教育，越不懂办起来倒越认真。绿林出身的东北枭雄张作霖20世纪20年代也办了一所影响力非凡的东北大学。他让人看到，目不识丁的武人办起教育来毫不逊色。

张作霖办大学很舍得下本钱，他曾在东北下令，政府经费40%投入教育，这样的比例在世界各国都少见。据曾在吉林做过校长的李鼎彝（台湾作家李敖的父亲）回忆说，每当孔子诞辰日，张作霖都会脱下戎装，穿着长袍马褂，到各个学校给老师们打躬作揖，坦言自己是大老粗，什么都不懂，教育下一代，全仰仗各位老师，特地赶来致谢，云云。

东北大学的教学设备在当时国内也数一流。实验仪器和机械，诸如物理和化学仪器、工学机械、动植物标本、图书、工厂设备，几乎无一不

备。据 1926 年的统计，学校藏书共 33164 册，各类仪器标本共 13516 件，以及价值达 86.53 万元的机械设备，为学生阅览、实验和实习提供了优越的条件。至 20 世纪 20 年代末，东北大学已是国内学生最多的大学，教授 300 人，学生 3000 人，而当时北京大学也只有学生 2000 人。

北洋的这种重学作风甚至延续到后来民国的一些武人。

1930 年 9 月，军阀韩复榘由河南省政府主席调任山东省政府主席时，新省府班子基本上都是他由河南带来的原班人马，只有教育厅长、近代著名的教育家何思源来自南京方面，是"蒋介石的人"。与蒋介石有隙的韩复榘一开始对何思源不给好脸色。

由于财政困难，韩复榘欲削减教育经费。何思源愤而面见韩复榘，态度强硬地说："教育经费不但不能减少，以后每年还要增加……这不是我个人的事，事关后代青年。主席要我干，就得这样，不叫我干，我就走路！"韩复榘一听，马上站起来和颜悦色地对何思源说："决不欠你的教育经费，你放心吧！"

何思源后来回忆："以后在我和韩复榘同事的八年中，除原有学校大大增加班次外，还添设了一处医学专科学校，一处高中，八个乡村师范，几处初中和职业学校。此外，我还扩充了省立剧院，费用等于两个后期师范，筹备国立山东大学。国立山东大学名为国立，其实经费几乎完全由山东省支给。因此，教育费每年增加，到了 1935 年，为普及义务教育，又大大地增加了一笔经费。山东省库从来没有欠过教育经费，韩复榘履行了他的诺言。"

韩复榘在任期间没有向教育界安排过一个私人和裙带关系，而是放手让何思源去做。当时韩复榘周围的人想把何思源从山东排挤走，韩复榘语重心长地对他们说："全省政府只有何某一个人是山东人，又是读书人，我们还不能容他？不要越做越小，那样非垮台不可！"

1938年，韩复榘在开封被蒋介石诱捕，为搜罗罪名，蒋介石面召何思源问道："韩复榘欠你多少教育经费？韩复榘是怎样卖鸦片的？"何思源直言道："韩复榘从未欠过教育经费，也并不出卖鸦片。"

韩复榘听了学者梁漱溟的讲学，对他的道德学问很是仰慕，后来韩复榘在山东鼎力支持梁漱溟的"乡村建设"计划。梁漱溟直言不讳地说："我们的经费主要是靠中国的地方政府。在河南靠冯玉祥，在山东靠韩复榘。"

这一时期的山西统治者阎锡山，率先在全省实行中小学免费义务教育。自1942年开始，山西全境适龄儿童入学率，每年都能达到百分之八十以上。这个百分率，即使是在当时的世界上也是首屈一指的。要知道中国的这一历史时期正值抗日战争，在一个战争频仍、离乱不断的环境下，一省的入学率还能到这么高，实属难得。阎锡山曾留学国外，深受西方文化的影响。山西的教育被称为当时中国教育的典范。

还有一段关于四川军阀刘文辉的有名的轶事。1930年代，摄影师孙明经在西康省（旧省名）考察时发现，当地的学校校舍大都宽敞明亮，学生衣着整齐，令人耳目一新。而当地的县政府却破烂不堪。出于好奇，孙明经就问身边的一个县长："为什么县政府的房子总是不如学校？"县长回答："刘主席说了，如果县政府的房子比学校好，县长就地正法！"刘文辉时任四川省政府主席，尽管他的政令充满了军阀的"霸气"，但其重视教育的雄心与铁腕，使四川出现了"县政府的房子比学校差"的特殊景象。

我们在这里列举这一些例子，旨在说明即使在那样一个纷乱不堪的旧中国，中华民族重视知识和文化的传统仍然大有其市场，这种重视，是深入民族的骨髓之中而难以轻易磨灭的。长期的中国传统文明熏染，使人们几乎是出自本能地尊重知识、尊重文化人，这本身就是中华文明生命力的一种体现。旧时代教育资源匮乏，使人们恋慕有知识有文化的阶层。诸多的军阀武人，本就出身于这种中国传统的政治文化氛围中，他们的这些作略，倒也不足让人大为惊奇。

第二章　当上了教育总长

和袁世凯打交道——教育总长的第一课

1911 年 10 月 10 日，武昌革命爆发。当时的蔡元培还身在德国，正在一所德国小镇的中学里埋头于他的心理学实验。这时，从遥远的东方传来了辛亥革命的隆隆炮声。蔡元培敏锐地感觉到：划时代的转折来临了！

蔡元培马上提前结束了他的研究，赶到德国首都柏林了解国内革命形势的进展。他和那里的中国留学生们一起阅读报章上有关中国革命的报道，相互联络，想办法响应国内的革命。这时，上海光复后被推为沪军都督的陈其美向蔡元培来电报促其回国，蔡元培即取道西伯利亚，于 11 月 28 日抵达上海。从此蔡元培就投身到了创建民国的事业。

革命党人取得全国性的胜利似乎已是指日可待的事了，结果，内讧随之而来。

首先是革命军力量的最高统领问题，选黎元洪还是黄兴为大元帅，大家意见不一。1912 年 1 月 14 日凌晨，更发生了时年34 岁的光复会创始人之一陶成章被受陈其美指使的蒋介石、王竹

卿暗杀于上海广慈医院的严重事件。这更反映了国民党的前身
——同盟会和光复会之间的矛盾，而这些矛盾则不过是日后革命
党人不同派系纷争的一个前兆。

看到这些情形，蔡元培给孙中山提出了建议，"惟才能是
称，不问其党与省也"。他希望孙中山在干革命的过程中唯才是
用，不要问其人的出处和派别。孙中山当即回信表示同意："关
于内阁之设备及组织用人之道，弟意亦如是，惟才能是称，不
问其党与省也，但此时不能不收罗海内名宿。来教所论甚明。"

孙中山在筹建临时政府时，本提名章太炎入阁任教育部长，
因章太炎性情率直，与同志多有积怨，反对的人很多，于是，
孙中山把人选改为大家眼中温和宽厚的蔡元培。1912 年元旦，
中华民国南京临时政府成立，孙中山被一众革命党人推为临时
大总统。孙中山在组建政府部门的时候，任命学界革命党人中
声望卓著的蔡元培当教育总长。

蔡元培本来曾有过"以身许国，功成身退"誓言，这时候
孙中山要他去政府中当官，蔡元培先是婉辞。但眼见国家初创、
百废待举，还远远没到"功成身退"的时候，而且孙中山派来
的代表说，您这样德高望重的人如果不就任，恐怕其他的职位
大家都不好就任了。于是 1912 年 1 月 5 日，蔡元培便以民国教
育总长的身份，出现在了南京临时政府的首次国务会议上。

但谁也想不到蔡元培上任教育部长后的第一课，居然是被
派去北方和袁世凯周旋。

在 1911 年底的武昌起义爆发后，眼见江山倾危，清廷慌忙
请出一个握有重兵的实力派人物，来应对局势，那就是借故回
家"养病"、实则以退为进的直隶总督兼北洋大臣袁世凯。袁世
凯本人这时亦认为清王朝大势已去，他的个人法想法是，既不

要为清廷卖命，也不要让革命党人得势，而是为自己谋取政治利益最大化，他马上就出山了。

袁世凯手中的强大军力是革命党人一时对抗不了的。迫于这种形势，一些南方革命党人与袁世凯达成了交易，那就是，由有能力控制北方局势的袁世凯迫清帝退位，然后保举他为新成立的民国的大总统。这很符合袁世凯的盘算。

1912 年 2 月 12 日，清帝退位，第二天，孙中山被迫宣布辞去临时大总统。随后的 2 月 15 日，南京的民国参议院如约推举袁为临时大总统。

孙中山对袁世凯最大的疑虑是其能否真正维护中国的共和政体，于是向袁开出了三个条件：临时政府首都设在南京；新总统应到南京就职；新总统必须遵守《中华民国临时约法》及相关法律章程。

而"欢迎"袁世凯到南京就职的艰重任务被分派给了蔡元培，他被委任为"迎袁专使"，与外交次长魏宸组、海军顾问刘冠雄、法制局长宋教仁以及汪精卫等一批南京临时政府中的人员一同北上，以示隆重。

袁世凯清楚地知道南方临时政府的意图，他知道自己一去南京，就将受制于革命党人，所以他是绝不会轻易就范的。这时，各国的列强也反对中国把首都南迁，怕损及他们的在华利益，他们支持袁世凯，这样他们的在华特权将会被最大限度地保全。

这不是一个风光的差使，蔡元培自己也知道，"此行人人知不能达成目的"。朋友们纷纷劝他辞去这个任务为佳。但是蔡元培说，"我不去，总须有人去，畏难推诿，殊不成话"。

果不其然，蔡元培一到北京，有许多所谓的"人民团体"

找上门来，向南方临时政府代表团"请愿"陈情，说首都不能南迁、袁世凯不能离开北京，否则会发生社会动乱。不久，在北京的一些军官和士兵"真的"发生了"兵变"，一时间满城风雨，似乎北方的局面非袁世凯留在北京不能控制。其实，这些都是袁世凯和他的手下指使的，为的是搅乱局势，向身处北京的蔡元培等南方代表示威，也向南方临时政府施加压力，制造留在北京的堂皇理由。

作为南方专使的蔡元培并非没有完全料到这些都是袁世凯背后的小动作，也不像外间人以为的那样，为袁世凯的种种手段所蒙蔽，以至于后来向袁世凯妥协。他对袁世凯其人早有判断。

早在辛亥革命起事八天后，蔡元培给吴稚晖有一封信。

这时，他从德国报纸上知道清廷启用久经罢黜的袁世凯重掌军政大权，他在这致吴稚晖信中，特别提到清廷启用袁世凯这件事，并发表他自己的见解。蔡元培说，听了这个消息，使他对于革命前途"之十分乐天观，生一顿挫"。他继续写道："弟以为袁世凯者，必不至复为曾国藩，然未必肯为华盛顿，故彼之出山，意在破坏革命军，而即藉此以自帝。"

也就是说，蔡元培判断袁世凯其人，绝不会像曾国藩那样基于礼教思想而效忠清廷到底，但也没有美国的国父华盛顿那样高洁的人品，为了国家而甘愿放弃个人名位，而会为个人野心破坏革命事业，乃至自己当皇帝。

多么准确的预言！蔡元培不是一个书斋里的学问家，他是一个对世局有洞察力的实干家。就在这几句话中，把民国成立后几年间中国政治的宏观演变，看得了如指掌、洞若观火，这真是一个卓越的政治判断。

最终，蔡元培还是对袁世凯做出了让步，代表南方革命党人允准袁世凯在北京宣誓就任临时大总统。1912 年 3 月 10 日，袁世凯在北京宣誓就职。蔡元培代表南方临时政府接受了袁世凯就任大总统的宣誓，并代孙中山献上祝词。第二天，蔡元培一行在离京返回南京前发表《告全国文》，回顾此行的意义。文中说，"……是故欢迎袁公，我等直接之目的也；谋全国精神上之统一，培等间接之目的也"。

这里说的"精神上的统一"，实质上饱含着貌合神离的无奈。但是这个时候，对于南方的革命党人来说，最低限度，推翻满清的目标已经实现了；同时，无论谁当总统，毕竟共和政体已经在中华确立，成为历史的潮流。另一方面，如果仓促间与袁世凯决裂，一则革命党人的实力不济，可能被袁所彻底击败，革命再次转入低潮。

在当时，希望与袁妥协以达到"谋全国精神之统一"的想法，并不止蔡元培一人，是民国初年大部分革命党人的共同心理。

这反映了革命家和政治家的不同，或者说，反映的是理想主义人格和现实主义诉求的距离。包括蔡元培在内的这一批以推翻满清、赢得新世界为最高理想的革命家们，从一开始所依赖的力量就是少数精英，怀抱建设新中国的理想，但是新秩序的建立意味着原有利益格局的改写，是一个复杂而棘手的系统改造工程，而这远远不是革命的理想主义所能解决的问题。

总的来说，蔡元培在清末民初这一段时间，积极投身革命工作，成为民国的一位政治元老、革命元老，虽然他志不在政治，但这些经历反而对他日后实现自己的教育梦想积累了政治资本、创造了相当的便利。

简政纳贤——教育总长的第二课

完成迎袁专使的使命后，蔡元培回到南京，真正开始干上了他所深感兴趣的本职工作——教育。

这时的南京临时政府初创，可谓无钱无粮。教育总长蔡元培曾问过给予他任命的临时大总统孙中山，教育部在何处办公，结果孙中山答以"此须汝自行寻觅，我不能管也"。后来，时任江苏都督府内务司长的马相伯先生借给蔡元培内务司办公楼的三间屋子，蔡元培的教育部这才开了张。

有一天，总统府通知去领教育部的办公大印，教育部人手少，连跑腿的杂役也派不出，当了总长的蔡元培也不管什么身份，自己挟了块白布，坐着人力车去总统府领了大印，用布包着带回教育部。

这一切困难也挡不住蔡元培"创业"的热情。

　　由于新政府建立，所有与新政府有关的人纷纷跑来，找关系托人情，想谋个一官半职。蔡元培北上迎袁期间，教育部的次长景耀月代理部务，他私自开列了七八十人的名单，分别冠以司长、科长、秘书的职务，报请总统府颁发委任状。名单上的人多和他有私交，但是跟教育行当没什么关系。蔡元培回来后，马上发现了这一情况。他耐心地同景耀月讲，这样做的话，真正的教育专家就被排斥在教育部外了。而且如果下一任部长对这些人事不满意，一概革除，反而让这些人难堪。蔡元培入情入理地做了一番工作之后，总统府又将这批委任状退还了教育部。

　　随后，蔡元培规定教育部中除教育总长、次长由大总统任命外，其他人员一律称部员，也就是普通办事人员，不委任官职。他还完全杜绝教育部出现冗员的现象，上至部长下至书记员，蔡元培领导的教育部全部人员加起来共三十多个人，每人每月薪水一律30元。这使教育部成了南京民国临时政府中最精简、开销最少的一个部。这种作风还被蔡元培一直带到了后来迁址到北京的教育部。

　　1912年4月26日，新的教育部接手原清廷的学部，蔡元培给部员们讲了一番话："前清办学之种种靡费，其细情不外奢、纵二字……国家无论如何支绌，教育费万难减少。无已，惟有力行节俭，以为全国倡。"

　　费用可以节省，人才不能节省。能给国家教育事业出力的人才和同志，蔡元培千方百计延揽。

　　鲁迅、许寿裳等人就是这在这一背景下进入教育部工作的，还有蔡元培往日的革命同志如蒋维乔、钟观光，留德同学如俞大纯等。

有一个年仅 23 岁的陌生青年，叫王云五（1888—1979，出版家、曾任商务印书馆总经理），他给蔡元培写了一封信，力陈如何办好民国高等教育。蔡元培细阅之下，觉得信中的意见很中肯，力邀王云五到教育部兼职，两人从此缔结了近 30 年的忘年深交。1940 年蔡元培在香港逝世，王云五是朋友中唯一随侍病榻的送终者。

一天，蔡元培在报上看到《孔学商榷》一文，看后很是欣赏，一打听，写文章的这个叫胡玉缙的作者是清末学部的部员，蔡元培也邀请他到教育部工作。

此外，蔡元培力邀非同盟会派系的共和党人、教育家范源濂做了教育部的次长。他两次登门，诚恳地对范源濂说："我请出一位异党的次长，在国民党里边并不是没有反对的意见；但是我为了公忠体国，使教育部有全国代表性，是不管这种反对意见的。听说你们党里也有其他看法，劝告你不要自低身份，给异党、给老蔡撑腰；可是，这不是为国民党或我个人撑腰，乃是为国家撑腰。我之敢于向你提出这个请求，是相信您会看重国家的利益超过了党派的利益和个人的得失以上的。"①

范源濂为蔡元培的真诚和以民国教育为重的精神所动，不顾他所在的共和党的反对，接受了蔡元培的邀请。事实证明，他们的合作是成功的。后来，范源濂在蔡元培去职后任教育部长，力邀蔡元培担任北大的校长。

有了儒雅的蔡元培做首脑，民初的教育部内上下融洽，全无暮气，乃至于鲁迅后来曾说出"说起民元的事来……当时我

---

① 梁容若：《记范静生先生》，台湾《传记文学》第 1 卷第 6 期，1962 年 11 月 1 日。

也在南京教育部，觉得中国将来很有希望"这样的话来。范源濂也这样忆及当年在教育部与蔡元培共事的情景，"在我们合作期间，部里的人都是知无不言，言无不尽，讨论很多，却没有久悬不决的事。一经决定，立刻执行。所以期间很短，办的事很多"。

改革学制、宣扬五育——教育总长的第三课

1912 年 1 月 19 日，蔡元培以教育部的名义，颁布了两个重要法令：《普通教育暂行办法》和《普通教育暂行课程标准》。中国教育体系自上而下的全面改革、迈入近现代化，就从民国初创之日、蔡元培主政教育部的一刻开始了。

《普通教育暂行办法》共 14 条，主要内容有：各级各类学堂均改称为学校，监督、堂长一律改称校长；小学一律于每年 3 月 14 日开学，中学、师范则根据地方财力自行决定开学时间；初等小学可以男女同校；小学读经科一律废止；小学应注重手工科；中学为普通教育，文、实不必分科；废止旧时奖励出身，各级学校毕业者，称某级学校毕业生。同时，学校所采用的各种教科书须合乎共和宗旨，由各出版单位自行修改，学校教员对于教科书的内容也可根据这一宗旨随时删改。这个教育法令，在新旧社会交替之际，对于安定人心、稳定局势、建立新的教育秩序，起了非同一般的作用。

1912 年 2 月 8 日—10 日，《民立报》连续发表蔡元培的重要教育论文《对于新教育之意见》，表述了自己对于教育宗旨的看法。在文中，蔡元培认为教育有两大种类，即，隶属于政治的教育与超越于政治的教育。该文围绕"养成共和国民健全之

人格"的思想，全面阐述了军国民教育、实利主义教育、公民道德教育、世界观教育、美感教育五育并举的民国教育方针，以取代清末"忠君""尊孔"的教育宗旨。

文中，蔡元培认为，"五者，皆今日之教育所不可偏废者也"。他还界定："军民主义为体育，实利主义为智商，公民道德教育毗于德育，而世界观则统三者而一之。"

蔡元培还认为，五育的核心，是公民道德教育。蔡元培说："五者以公民道德为中坚，盖世界观及美育皆所以完成道德，而军国民教育及实利主义，则必以道德为根本。"公民道德教育的要旨，即"自由、平等、博爱"。蔡元培以公民道德教育为核心、五育并举的思想，实质上是德、智、体、美诸育和谐发展的思想，这是中国近代教育思想的首创，它适应了辛亥革命后教育发展的客观需要，顺应了当时社会变革的潮流。

蔡元培的主张是对清末学部颁行的"忠君、尊孔、尚公、尚武、尚实"的教育宗旨加以修正，而不是全面推翻。他指出："忠君与共和政体不合，尊孔与信教相违。"实际上，军民主义、实利主义、公民道德与"尚武""尚实""尚公"的意义是接近的。在蔡元培看来，"惟世界观及美育，则为彼所不道，而鄙人尤所注意，故特疏通而证明之，以质于当代教育家，幸教育家平心而讨论焉"。① 他认为，共和制度下的教育应该特别重视世界观教育和美感教育。

1912 年 7 月 10 日，当时的中华民国教育部召开临时会议，与会者们根据蔡元培此前所提出的教育方针进行讨论并修改，于 9 月 2 日公布中华民国新的教育宗旨："注重道德教育，以实利教育、军国民教育辅之，更以美感教育完成其道德。"这基本就是蔡元培"五育主义"的翻版。

蔡元培任教育总长期间，主持制定了中国第一个西方化的新学制（史称"壬子癸丑学制"）。

这年 7 月至 8 月，教育部在北京召开了全国临时教育会议，蔡元培称这次会议为全国教育改革的起点。大会对民国的教育方针展开了讨论，赞同蔡元培提出的关于教育要体现人的智德体美和谐发展的思想。会议决定重订学制，制定学校系统。会议的成果《学校系统令》于 1912 年（农历壬子年）9 月 3 日颁布实行，史称《壬子学制》。

《壬子学制》规定：初等小学校学制 4 年，为义务教育，毕业后可入高等小学校或实业学校。高等小学校学制 3 年，毕业后可入中学校或师范学校、或实业学校。初小、高小均设补习班，学制 2 年。中学学制 4 年，毕业后可入大学或专门学校，或高等师范学校。师范学校本科 4 年，预科 1 年。高等师范学校本科 3 年，预科 1 年。实业学校分甲乙两类，各 3 年。专门学校本科 3—4 年，预科 1 年。大学本科 3—4 年，预科 3 年。

1913 年是农历癸丑年，这年 8 月，教育部将《壬子学制》颁布一年来新颁布的法令、规程与《壬子学制》综合在一起综

---

① 《对于新教育之意见》，《蔡元培全集》第 2 卷，第 137 页。

合，形成一个新的学制体系，称为《壬子癸丑学制》，颁布到全国各地教育机构施行。

《壬子癸丑学制》在纵向方面，明确地规定了学校教育的几个阶段，即分为三段四级。

初等教育阶段，以儿童身心发育、培养国民道德为基础，以生活所必需的知识技能的教授为宗旨，又分为两级：初等小学学制 4 年，为义务教育，儿童 6 岁入学，男女同校；高等小学 3 年，男女分校。

中等教育阶段一级，为中学校 4 年，以完成普通教育、塑造健全的国民为宗旨，并专门为女子设立女子中学校。

高等教育一级，大学以"教授高深学术，养成硕学宏材、应国家需要"为宗旨。大学分文、理、法、商、医、工、农七科。大学本科 3—4 年，预科 3 年，预科附设于大学，不得独立设置。大学为研究学术设大学院，不定年限。

《壬子癸丑学制》在横向方面，分为师范教育、实业教育两个系统。

与高等小学校平行的有乙种实业学校、实业初习学校及初习科。与中学校平行的有甲种实业学校、师范学校及补习科。与大学平行的有法政、医学、药学、农业、工业、商业、商船、美术、音乐、外国语等专门学校以及高等师范学校。

1912 年 10 月，北洋政府教育部颁布《大学令》，准许社会上的民间人士设办私立大学。同年 11 月又公布《公立私立专门学校规程》，规定国家对于公立、私立专门学校一视同仁，不同点在于，私立专门学校的开办在呈报教育总长认可时，"须开具代表人之履历"，而"代表人对于该校应负完全责任"。

《大学令》一出台，1912 年至 1927 年间，中国大地上出现了兴办私立大学的热潮，涌现出一大批著名教育家和学校，例如严范孙、张伯苓创办的南开大学，陈嘉庚斥资创办的厦门大学，张謇创办的南通大学，以及大同大学、大夏大学、光华大学、中法大学、广州大学、广东国民大学、上海美术专科学校、东亚体育专科学校等，这些学校后来成为中国诸多著名高校的前身。

教育部还出台了"整理教育方案草案"，提出"教育自治"的基本原则。其第一条规定，要"变通从前官治的教育，注重自治的教育"，"教育本为地方人民应尽之天职，国家不过督率或助长之地位。……今后方针注重自治的教育者，国家根本在于人民，唤起人民的责任心，而后学能有起色也"。

"美育代替宗教"的现代辩驳

"用美育代替宗教"，这是蔡元培最著名的思想之一。

如前文所说，蔡元培给中国的近代教育事业提出了著名的"五育并举"的教育方针：军国民教育、实利主义教育、公民道德教育、世界观教育、美感教育。其中的美感教育是一个颇有特色的教育思想，这就体现了蔡元培自留学德国时开始形成的"以美育代宗教"的理念。

蔡元培"以美育代宗教"的思想，在他的《赖斐尔》《对于教育方针之意见》《教育独立议》《以美育代宗教》《美育代宗教》等文章中都有体现。特别是1917年他在北京神州学会的讲演词、后发表于《新青年》杂志中的《以美育代宗教说》一文，最具代表性。虽然蔡元培并没有就他的这个观点写成一部专著，但"以美育代宗教"的思想贯穿于蔡元培先生一生。

早在新文化运动中，他就不止一次地提出"以美育代宗教"，强调美育是一种重要的世界观教育。1938 年 2 月 8 日，蔡元培逝世前两年，在为萧瑜编著的《居友学说评论》一书撰写序文时，还提到："余在 20 年前，发表过'以美育代宗教'一种主张，本欲专著一书……而人事牵制，历 20 年之久而未成书，真是憾事。"

蔡元培将宗教与美育进行对比，认为宗教具有明显的局限性："一、美育是自由的，而宗教是强制的；二、美育是进步的，而宗教是保守的；三、美育是普及的，而宗教是有界的。"因此，蔡元培提倡"以美育代宗教"，"鉴激刺感情之弊，而专尚陶养感情之术，则莫若舍宗教而易以纯粹之美育"。在蔡元培看来，以美育代宗教，使国人的感情勿受污染和刺激，使其受艺术熏陶而纯正，满足了人性发展的内在需求。

"以美育代宗教"也是中国近代美学发展的一大思潮，例如，王国维曾在他的《去毒篇》一文说："美术者，上流社会之宗教也。"而在当代的一些学者如潘知常看来，蔡元培当年所提出的"以美育代宗教"的观点，在逻辑上、学理上并不严密。

晚清时期，中国人在精神领域和学术思想上面临着"道术为天下裂""千古未有之巨劫奇变"，迫使中国人再一次面对严峻的如何生存问题与精神定位问题。但是，总起来看，这些问题应该分成两个方面，一是如何为人们建设一个理想社会；二是如何为普罗大众建构一个灵魂家园。

在这些学者看来，蔡元培恰恰把这两个问题没有清晰地区分开来。

潘知常认为，新文化运动在打倒了孔孟的儒家价值体系后，引入西方的新式理念：在人与自然的维度引进了"科学"，在人与社会的维度引进了"民主"。但在潘先生看来，科学属于认知、民主关涉伦理，这二者均未涉及人与更深层次的精神世界，或者说用其原话说，深入到"灵魂的维度"。

在他看来，中国近代儒学被新知识分子打倒、西学涌入中国后，中国人面临着信仰缺失所带来的精神困惑。他认为，蔡元培等第一代美学家意识到了这一困惑（蔡元培先生称之为："今日之重要问题"），但是又绝对不希望"信从基督教"。于是，"以美育代宗教"的呼吁就顺理成章地产生了。1919 年，当"五四"洪流汹涌澎湃之时，蔡元培却著专文疾呼："文化运动不要忘了美育"，其动机就不难理解了。"以美育代宗教"在一定程度上填补了价值真空，也显示了深远的文化内蕴，体现了蔡元培等第一代美学家的睿智。

但是潘知常认为"以美育代宗教"所提出的完全是一个美学的假问题，他说："从表面看，西方的现代进程是借助于'科学''民主'这一精神杠杆撬动了地球，但是那只是因为这个精神杠杆太长，以至人们只看到了它触及地球的一端，但是却忽视了在遥不可见的手柄一端，在那一端赫然铭刻着：信仰！换言之，'科学''民主'这两棵参天大树是生长在宗教信仰的沃土之中的。"

他认为，蔡元培提出的"美育代替宗教"，实际上是一种没有上帝的宗教，一种类宗教或者假宗教，也是一块国人最后的领地，或许可以称之为"以审美代替信仰"。这是面对儒家夕阳西下、上帝兵临城下困局时蔡元培所给出的美学回应与回答。

辞职留法

蔡元培一心一意想要推进中国的现代教育事业，但学人的美好理想总是一再被政治的变乱所打断。

1912 年 3 月 10 日，袁世凯在北京就任临时大总统后，3 月 25 日，成立了民国第一任内阁，总理是与袁世凯颇有交谊的南北和谈原北方代表唐绍仪。唐绍仪少年留美，清末被派往朝鲜与袁世凯共事。民初，唐绍仪由黄兴、蔡元培介绍，并由孙中山监誓加入了同盟会。当酝酿新政府总理人选时，他得到革命党人和袁世凯的共同推举，成为中华民国第一任内阁总理。

出任总理之初，唐绍仪在北京的政坛上本抱有很大的理想抱负，他特意挑选宋教仁、蔡元培、陈其美等同盟会骨干成员入阁，使同盟会会员在政府中占据多数。唐绍仪勤于公务，注重办事效率，使政府呈现一派新气象。但是，唐绍仪的一片公心，却引起了私心重重的袁世凯的不满。

1912 年 6 月，唐绍仪内阁方面与总统袁世凯在直隶总督人选上发生分歧。这本是内阁方面的职权，但袁世凯不愿依唐绍仪的意见把直隶总督的职位交给同盟会方面提出的人选，强行越过内阁任命了他自己的心腹冯国璋担任这一职位。唐绍仪出于公心，站在同盟会立场上，反对袁世凯违反临时约法的做法，于 6 月 15 日愤而辞职。

蔡元培这个教育部长是唐绍仪内阁的阁员，他很支持唐绍仪的做法，随之辞职。他在辞呈中写道，"元培迂愚无状，猥蒙任命，承乏国务院，两月于兹矣。以大总统之英明，唐总理之同志，谬谓追随其间，当能竭千虑之一得，以贡献于民国。不图理想与事实积不相容，受事以来，旅进旅退，毫不能有所裨益，始信国务重大，诚非迂愚如元培者，所能胜任……今值总理辞职，国务院当然解散。元培窃愿还我初服，自审所能，在社会一方面，尽国民一分子之责，以赎二月来负职之罪"。①

1912 年 7 月 2 日在向袁世凯面辞的时候，袁世凯基于蔡元培巨大的社会声望，说，"我代四万万人坚留总长"，蔡元培则答，"元培亦对四万万人之代表而辞职"，完全不给袁世凯留情面。

本来，蔡元培留在教育部长任上，完全可以大施拳脚，继续他的教育救国理想。但问题在于，如果任由袁世凯野心膨胀而不作出姿态，就成了一个大是大非的政治问题，对蔡元培来说，他对同志和国人都没法做出交代。

这一时期，袁世凯和南方革命党人的矛盾不断加剧。对于袁世凯来说，革命党人势力始终是心中的隐患，必欲去之而后快。1913 年 3 月 20 日，国民党在议会大选中大获全胜，国民党代理理事长、一心想在中国走议会斗争路线的革命先行者宋教仁在上海火车站被刺杀，举国震惊。种种迹象都表明这就是袁世凯指使人干的。4 月 26 日，袁世凯北洋政府又与英、法、德、日、俄五国银行团签订借款合约，意图扩充自己军力。到了 6 月，袁世凯解除了南方几省革命党人的都督职务。

对于袁世凯的步步紧逼，到了 7 月份，国民党被迫反击，武装讨袁的"二次革命"爆发。但是，由于革命党人力量分散且弱，而且此时国内主流民意，主要是厌乱思治的情绪，对于国民党的"武装反叛"行为并不理解，缺乏广泛支持的"二次革命"未经两个月即告失败，包括南京在内的南方各省几乎都

---

① 《辞教育总长呈》，《蔡元培全集》第 2 卷，第 258 页。

被袁世凯的北洋军队控制。

历史总是充满了讽刺，辛亥革命后，真正统一的中华民国也就是在"二次革命"后、袁世凯统治下的两年。在列强环伺、国弱民穷的险恶局势下，中央集权的确能给国家带来一定的稳定局面，也因此，袁世凯在镇压"二次革命"时，反而获得民众一定程度上的支持。

1913年10月6日，北京被控制下的民国国会选出袁世凯为第一任正式大总统。11月4日，袁世凯以"叛乱"罪名下令解散国民党，并驱逐国会内国民党籍议员。国会由于人数不足而无法运作，不久即被解散，袁世凯从此成为寡头总统，并于数年后称帝。

这时的蔡元培，除了坚决不与袁世凯合作，在舆论上为反袁造势之外，实在对局面无法有所作为。

蔡元培与吴稚晖、汪精卫等人在上海谈话时说："国事决非青年手足之力所能助，正不如力学之足以转移风气也。……唯一之救国方法，只当致意青年有志力者，从事于最高深之学问，历二三十年，沉浸于一学专门名家之学者，出其一言一动，皆足以起社会之尊信，而后学风始以丕变。即使不幸而国家遭瓜分之祸，苟此一种族，尚有学界之闻人，异族虐待之条件，必因有执持公理之名人为之删减。"①

也就是说，痛心疾首于革命的失败之余，蔡元培反省的是，国家没有一个足以"一言而为天下法"式的导师一样的人物出来说话，主持公理，没有一个伟大的思想家能超越政治而为举国所尊奉、信从，使国事的是是非非有一个权威来裁判。而想

---

① 高平叔：《蔡元培年谱长编》（上册），第528页。

要让这等人物在中国的出现，只能靠教育青年。这真是一种沉重至极的学人式的思索。

带着深深的失望与自责，蔡元培在袁世凯军队攻占南京四天后，踏上了出洋游学之路，继续为国家和民族谋求精神和文化上的出路。

与上一次留德不同，这一次蔡元培选择的目的地是法国。在蔡元培看来，法国历史悠久，在世界范围内也有很大影响，在科学、哲学、艺术方面尤其有辉煌的成就，且最先提出"自由、平等、博爱"的口号，是大革命的故乡，在那里，困倦彷徨的蔡元培一定能找到精神上最佳滋养，为民族找到新的精神财富。

此时蔡元培的身份也与以往的留学生身份不同，这时的他，是前民国教育总长、革命党人的身份。这一次旅居法国，他带上了家眷。1913 年 9 月 5 日，蔡元培一家人上了日本邮船，并于 10 月 14 日抵达法国马赛，随后转往巴黎。蔡元培由此开始了游学法国的生涯。

游学法国

这个时期蔡元培几乎把他当教育总长的使命全搬到了法国。

1912 年春，李石曾、张静江、吴稚晖、汪精卫等人发起成立了留法勤工俭学会，倡导和帮助中国青年人赴法留学。时任教育总长的蔡元培知道后很支持，专门把北京安定门内的顺天高等学堂借给留法学会，作为留学预备校舍。

抵法后，蔡元培在 1915 年 6 月和李石曾等一道在法国巴黎成立勤工俭学会，倡导在法国的华工们提高文化水平。1916 年，华法教育会在巴黎成立，蔡元培任中方会长，法国人欧乐为法方会长，其宗旨是，"发展中法两国之交谊，尤重以法国科学与精神之教育，图中国道德、智识、经济之发展"。①

就在蔡元培抵法游学不到一年后，1914 年 8 月，震惊世界的"第一次世界大战"在欧洲爆发了。

战火愈燃愈烈，身处法国的中国留学生们多有不安，担心战事会进一步影响到自己的学业，很多人打算回国再做打算。蔡元培则大不以为然，他一方面与当时的驻法公使胡惟德取得联系，想办法从经济上接济中国的留学生，另一方面，他反而劝说大家不要回去，留在法国。留在法国干什么呢？观战。

蔡元培在旅法学界发布了《吾侪何故而欲归国乎》一文，他在文章里说，这个时候回国，"殆发于一时之感情，而决非深思熟虑而出之者"。他劝说大家不要因一时的感情冲动而回国，从而失去观察欧战和求学的机会。他说：

> 夫多见多闻，欠于上智；观赜观智，乃知天下。此次战局，为百年来所未有，不特影响所及，人权之消长，学说之抑扬，于世界文明中必留一莫大之纪念，而且社会之组织，民族之心理，其缘此战祸而呈种种之变态者，皆足以新吾人蹈常习故之耳目，而资其研究。故使吾人稍稍蓄好奇之心，有济胜之具，虽在闾里，犹将挟策裹粮，为泰西之游，而乃不先不后，会逢其适者，反谋引避，是何故耶？②

---

① 《华法教育会大纲》，《留法勤工俭学运动》（一），张允侯等编，上海人民出版社 1980 年版，第 76 页。

② 《吾侪何故而欲归国乎》，《蔡元培全集》第 2 卷，第 341 页。

蔡元培斥责想回中国的人，这正是千载难逢的机会：其一，这是见证世界大事件进程的好机会，可以增长中国人的见识；其二，恰好可以借机观察欧洲先进国家组织动员国民应对变乱的方式。可以学习的东西太多了，怎么能回去呢？国势的衰微，使富于责任感的蔡元培确实是太渴望从世界学到一切能对民族和国家有益的先进学问和知识了，其情可感，其言足动。

当时，法国因为参加第一次世界大战，动员了大量工人上前线，导致工厂劳动力很紧张，大量招收华工。华法教育会成立后，受法国工部局委托，也承担招收华工的工作。蔡元培主持下的华法教育会借此把招工变成勤工俭学的一部分，为华工学习西方先进科学文化和技术创造机会。蔡元培认为："诚以吾国多数工人生活于彼国工会中，耳濡目染，吸取所长，他日次第归国，必有以助社会教育之进行，而大减阻力。"①

1916 年 4 月，华法教育会在巴黎开办了华工学校，首期招收 24 名学员，以半年为期，学习法文、中文、数学、理化、美术、工艺、卫生等课程，以便这些学员毕业后分赴各地工厂教育华工，蔡元培自己编了《华工学校讲义》40 余篇，并亲自给学员们授课。

此前的 1915 年间，蔡元培还与吴稚晖等人在法国成立世界社，致力于出版书报，向中国人宣介西方学术文化。

这期间，1916 年 8 月，蔡元培在《旅欧杂志》上发表了著名的《文明之消化》一文。

这篇文章里，蔡元培敏锐地提出如何对待中西文化融合的问题。他举例，比如古代灿烂的希腊文化，正是吸收和消化了

---

① 《致各省行政机关函》，《蔡元培全集（第二卷）》，第 417 页。

埃及、腓尼基诸古国的文化；而欧洲现代文化，才是由于吸收并消化了希腊、罗马、阿拉伯诸民族的文化，才焕发出强大的生命力。

蔡元培反省认为，中国自秦汉以后因邻邦均蛮荒落后于中原文明，无可吸收借鉴者，这使中华文化陷于停滞之中。自晋至唐、宋，因与印度文化相接触，致宋代哲学和文学美术各放异彩。但自元代以来六百年，又几乎再没有新的文明营养可兹补充，致中华的文明日渐羸瘠。

他更指出，中国古代吸引印度文明的过程中，因不善于消化吸收，导致整个社会风气为宗教所熏染，以至于迷信滋彰直至今日。到了今天，中国人学习欧洲文明，尤其要审慎，否则，"他日消化不良之弊，将视印度文明为尤甚"。这篇文章的原文是：

> 吸收者，消化之预备。必择其可以消化者而始吸收之。食肉者弃其骨，食果者弃其核，未有浑沦而吞之者也。印度文明之输入也，其滋养果实为哲理，而埋蕴于宗教臭味之中。吸收者浑沦而吞之，致酿成消化不良之疾。钩稽哲理，如有宋诸儒，既不免拘牵门户之成见；而普通社会，为宗教臭味所熏习，迷信滋彰，至今为梗。欧洲文明，以学术为中坚，本视印度为复杂；而附属品之不可消化者，亦随而多歧。政潮之排荡，金力之劫持，宗教之拘忌，率皆为思想自由之障碍。使皆浑沦而吞之，则他日消化不良之弊，将视印度文明为尤甚。审慎于吸收之始，毋为消化时代之障碍，此吾侪所当注意者也。
>
> 且既有吸收，即有消化，初不必别有所期待。例如晋唐之间，虽为吸收印度文明时代，而其时《庄》《易》之

演讲，建筑图画之革新，固已显其消化之能力，否则其吸收作用，必不能如是之博大也。今之于欧洲文明，何独不然。向使吾侪见彼此习俗之殊别，而不能推见其共通之公理，震新旧思想之冲突，而不能预为根本之调和，则臭味差池，即使强饮强食，其亦将出而哇之耳！当吸收之始，即参以消化之作用，俾得减吸收时代之阻力，此亦吾人不可不注意者也。①

除了在法国从事以上与教育事业有关的活动，蔡元培对于中国国内政治形势时刻系之在心。

1916 年 6 月，袁世凯死了，黎元洪继任大总统，国内政治形势又是一番大大的改观。此时，蔡元培的旧友范源濂、袁希涛分别出任了北洋政府的教育总长和次长，电邀他回国，担任北京大学校长，蔡元培接电后即决定携眷归国。

黎元洪"知遇"蔡元培

说到蔡元培到担任北京大学校长，就不得不提到时任大总统黎元洪。

黎元洪这个名字，是蔡元培在打响了辛亥革命第一枪的武昌兵变后才听说的。民国初年的政坛上云波诡谲、过客匆匆，开国大都督、第二任总统黎元洪在这段历史上占据了重要一页。

黎元洪（1864—1928），湖北黄陂人。年轻时加入清廷水师，甲午战争中其舰被日军击沉，黎元洪投海得生，遂不断升

---

① 《文明之消化》，《蔡元培全集（第二卷）》，第 467 页。

迁，后驻军湖北。德、法军事观察家来汉考察时，黎元洪能以一口流利的英语与之交流。英国记者埃德温·丁格尔采访他后写道："黎元洪将军具有中国人特有的儒雅，用英语跟我谈话……他具有深邃的洞察力，这是一般军人所无法企及的。"①

黎元洪多年来对所领部队中的革命党人的活动采取了宽容的态度，武昌起义的士兵就是来自他的部队。南京临时政府成立时，他当选为副总统。1916年6月6日袁世凯死后，他继任总统，翌年7月，国务总理段祺瑞利用张勋将他驱走。1922年6月，直系军阀曹锟、吴佩孚赶走皖系总统徐世昌，黎元洪再任大总统，第二年6月被迫辞职赴天津。晚年的黎元洪投资实业。黎元洪是中国历史上唯一一个两任大总统和三任副总统的人。

1911年11月28日，蔡元培应陈其美之邀从德国返回沪，回国后没几天，12月2日南京光复后，同盟会与各省在上海的代表酝酿推举革命军的大元帅，筹组革命临时政府，蔡元培是同盟会元老，当然参与其中，并积极协调各方意见。黎元洪当时是大元帅的人选之一。

---

① 《CHINAS REVOLUTION：1911—1912》，1912年英文伦敦版。

一些同盟会代表告诉蔡元培，黎元洪本人实际上是被士兵们逼迫参与暴动的，而且私下还与袁世凯的北洋势力有牵连，认为黎当大元帅不妥。于是，在筹备大会上，蔡元培提名黄兴做大元帅，各省代表一致表示赞同。会议上，率直的章太炎当场站了起来说，黎元洪无论如何也是参与了革命首难的有功之臣，影响重大，不可辜负。大家遂举黎元洪为副元帅。

袁世凯死后，黎元洪就任大总统，他一改党同伐异的作风，拟任蔡元培为浙江省长，意在组成"全民政府"。1916 年 7 月 12 日，黎元洪任命范源廉主管民国的教育部。这时，社会舆论纷纷呼吁整顿北京大学。黎元洪首先想到了蔡元培。蔡元培在任教育总长期间，主持制定了中国第一个西方化的新学制（"壬子癸丑学制"），以及将京师大学堂改为北京大学的惊世之举，这让黎元洪觉得蔡元培堪当大任。

1916 年 12 月 22 日，蔡元培应召于大风雪中回到北京。大总统黎元洪接见了蔡元培，随后，北京政府教育部奉大总统令，于 12 月 26 日正式任命蔡元培为北京大学校长。

蔡元培走马上任后，面临着教育经费的困难。黎元洪闻知后，先从自己做起，压缩总统府预算、自减薪水，由袁世凯规定的每年 192 万元减为每年 57 万元，挤出资金扶植教育。

黎元洪曾与蔡元培讨论女子参政问题。黎元洪说，有人以妇女程度不够为由反对。蔡元培则反驳这种说法，他认为应该只问妇女参政该不该，不能问她们程度够不够，纵然不够，也可用教育补足，不能剥夺其权利。得到黎元洪的首肯后，北大开始招收女旁听生。

在黎元洪的大力支持下，以及陈独秀等的襄助下，蔡元培到任后对北大进行了大刀阔斧的改革，谱写了北大的传奇。蔡元培就任北大校长半年后，因发生"张勋复辟"的政治危机，黎元洪下野，蔡元培也随之宣布辞职。不过，在复辟闹剧流产后，蔡元培即于当月重返北大。

这年夏，举国上下响起了一片要求徐世昌下野、欢迎黎元洪出山的声浪。时任北京大学校长的蔡元培获悉后，觉得这是他理想中的"好人政府"法统重光的时候了。当胡适建议蔡元培不要发电呼吁黎元洪莅京时，蔡元培坚持己见，表示"西南方反对旧国会，揭一黎以与孙对待而开议和，似亦未为不可"。①

6月8日，蔡元培联袂王家驹、李建勋、毛邦伟等十人，代表教育界发表通电，欢迎黎元洪北上。1917年6月11日黎元洪自天津赴北京，在幕僚和各界名流的前呼后拥下，黎元洪前往中南海怀仁堂参加总统就职典礼。

---

① 《胡适的日记》（下册），中华书局1985版，第375页。

第三章 北大的蔡元培时代

北京大学的前世今生

1862 年，清政府在总理衙门设立了京师同文馆。同文馆的设立是我国创办新式学校的开端。

1896 年 6 月，刑部左侍郎李端棻在给清政府的《请推广学校折》中，第一次正式提议设立"京师大学"。1898 年初，随着变法维新运动日益发展，康有为在《应诏统筹全局折》中再次提出："自京师立大学，各省立高等中学，各府县立中小学及专门学。"

1898 年 6 月 11 日，在康有为、梁启超的推动下，光绪帝《明定国是诏》宣布变法，诏书中强

调："京师大学堂为各行省之倡，尤应首先举办。"由梁启超起草了一份《京师大学堂章程》，这个章程是北京大学的第一个章程，也是中国近代高等教育的最早的学制纲要。

1898 年 7 月 3 日，光绪帝正式批准设立京师大学堂，由孙家鼐主持在北京创立，最初校址在北京市景山东街（原马神庙）和沙滩红楼（现北京五四大街 29 号）等处。许景澄任中学总教习，美国传教士丁韪良（W. A. P. Martin）任西学总教习。

1898 年 9 月 21 日爆发戊戌政变，百日维新失败，京师大学堂以"萌芽早，得不废"，未被慈禧废止，但京师大学堂处境却变得举步维艰。

1900 年，八国联军入侵北京，京师大学堂遭到破坏，校舍被占，图书设备被毁。

按照 1903 年的癸卯学制规定，京师大学堂毕业生可以授予进士头衔并奖励翰林院编修、检讨等官职。因此，大学堂在当时成了各种失意官员、举贡生监寻求出身的地方。

这时的京师大学堂里，仕学馆、进士馆的学生均带有听差。每到上课时间，各房中便响起一片听差"请大人上课"的声音，然后由听差把笔、纸、墨、砚及茶水、烟具送到讲堂。下课时，听差又来"请大人回寓"，学生大人拍拍屁股便走，由听差在后面收拾杂物。上起体育课来就更热闹了，操场上时不时传来"大人，向左转""大人，向右转"的喊声。

1905 年，清政府下诏废止科考制度，这时的京师大学堂即成为中国唯一官方最高学府和官方教育行政机构。因此，不少学者皆认为京师大学堂是中国太学的正统继承者。

1905 年 4 月 30 日，京师大学堂举办了第一次运动会，校方特别强调开运动会的目的是培养青年"临事不辞难，事君不惜

死"的精神，在这次运动会上，还要运动员一再高呼"皇太后圣寿无疆，皇上圣寿无疆"等口号。

1910年京师大学堂开办分科大学，共开办经科、法政科、文科、格致科、农科、工科、商科七科，设十三学门，分别是诗经、周礼、春秋左传（经科）；中国文学、中国史学（文科）；政治、法律（法政科）；银行保险（商科）；农学（农科）；地质、化学（格致科）；土木、矿冶（工科）。这时，一个近代意义的综合性大学初具规模了。

到了1912年5月4日，当时中国的最高学府、也是中国最高教育行政机关的京师大学堂改名为北京大学，这正是在蔡元培领导下的教育部推动下进行的。中国近代启蒙思想家和教育家严复出任北京大学第一任校长。

1913年秋，当时的民国教育部为减少开销，几欲停办北京大学并将之并入天津北洋大学，遭到时任大学校长何燏时及大学师生反对，何燏时并为此呈文："办理不善，可以改良；经费之虚糜，可以裁节；学生程度不齐一，可以力加整顿；而唯此一国立大学之机关，实不要遽行停止。"

　　1913 年 11 月，胡仁源（1883—1942）代理北京大学校长，后正式担任校长。胡仁源本人科举及第后，曾进北大的前身京师大学堂学习，随后留学日、德等国。一般认为胡仁源的教育思想较为守旧。他在北京大学校长任上所聘请的一些教授，多系清末遗老和士大夫，如辜鸿铭、刘师培、姚仲实、陈石遗、黄季刚等人。

　　1917 年入读北大，后曾任民国国立清华大学校长的罗家伦有一段评价："等到辛亥革命以后，称为国立北京大学，最初一些做过初期校长的人，对于这个学校，也没有什么改革，到了袁世凯时代，由胡仁源代理校长，胡仁源为人，一切都是不足道，但是听说当时不曾列名于筹安会，上劝进表，倒也算是庸中佼佼者。"罗家伦对蔡元培入主北大前的几任校长倒都评价很一般，只对胡仁源拒绝拥戴袁世凯称帝一事称道了一下。

　　1915 年下半年，袁世凯策动军阀官僚和御用文人们拼凑各种各样的请愿团体，上书国会要求改变国体，拥戴他当皇帝。北京大学校长胡仁源和教授也成为他竭力拉拢和收买的对象。他先封胡仁源为"中大夫"，又授给北大一些教授四等、五等"嘉禾章"。接着他的儿子袁克定"就使人说仁源率大学诸教授劝进"，但遭到胡仁源和北大教授们的严词拒绝。"仁源本诸教授之意持不可，谢使者。大学遂独未从贼。"面对权势不为所动，坚守道义，倒体现了胡仁源的风格气节。

　　胡仁源对北大也进行了一些整顿工作和一系列规划，对本科和预科分别进行调整充实，陆续引进了一批国外留学归来的中青年学者来校任教，尤其在 1913—1915 年，陆续聘任了一批留日归国、倾向革新的章太炎弟子，如马裕藻、朱希祖、黄侃、沈兼士、钱玄同、马叙伦、沈尹默等人到北大文科任教。这些学者注重考据训诂，以治学严谨见称，这种学风以后逐渐成为北大文史科教学与科研中的主流。

1915 年 11 月，胡仁源根据蔡元培主持定制的《大学令》，设北大首届评议会，聘请陈介石、辜鸿铭、冯祖荀、俞同奎、陶孟和等为评议员，议决校政"大事"。胡仁源的此制度与后来蔡元培改革时的"教授治校、民主管理"有异曲同工之妙，而胡仁源是将此制度付诸实践的第一人。

"五四"运动的策源地——北大"红楼"就始建于 1916 年 6 月胡仁源校长在任期间。

但总的来说，到 1916 年底蔡元培到任时的北大，还远非后来那个享誉学界乃至全中国的最高思想和学术的殿堂，而更像一个藏污纳垢之所。

尽管这时已经是民国五年了，但北大校园还远远不像一个现代大学，甚至不像一个学术机构，很多方面更像是一个衙门，仍保留着前清京师大学堂的规矩。校工见了学校里的"大学生"要称"老爷"，而校工的身份则是"听差"。学生有事找校长，要像下级对待上级官长那样写"呈文"，而校长则把自己的"手谕"写在布告牌上。

学生的来源，多是官僚或富家子弟，来这里就读，不是为了求学问，而是当做"镀金"，为将来在政府里谋取官位积累资本。上课之余，这些学生带着听差打麻将、吃花酒、捧名角，以至于在民国初年，北京地面上流行着"两院一堂"之说，说的是，出入于当时北京著名的红灯区"八大胡同"妓院中的，多是参众两院的议员，再就是来自京师大学堂的"学生老爷"。

蔡元培的北大就职演说

1917 年 1 月 4 日，严冬的北京，北京大学的大门口，校工们列好了队站在道上静静等着。过来了一辆马车停在大门口，门帘掀开后，下来了一个戴眼镜的瘦瘦的儒雅中年人，沉静地走到了大家面前。这就是他们的新校长蔡元培。

校工们马上齐刷刷地鞠躬致敬。谁也没想到，这位校长大人马上也脱下头上的礼帽，郑重地向校工们深深地回鞠一躬。这突如其来的动作，简直让大家又是错愕，又是受宠若惊。

如前所说，北大的前身是京师大学堂，本身充满了官气，而且官本位的劣习一样不拉。也难怪校工们对校长这个大学衙门里"最大的官"给他们这些听差回礼要感到错愕了。

此后蔡元培每天出入校门，当校卫向他行礼时，他照样脱帽鞠躬。

1 月 9 日，北京大学举行开学典礼，蔡元培发表了如下的演说（今以白话文述其大意）：

> 五年前，严几道先生为本校校长时，我刚刚在教育部工作。在开学那天曾为北大做了一点事情。各位都是从预科读下来的，所以想必你们也听说过我。士别三日，刮目相看。何况已经过去了好几年，各位也一定是有了长足的进步。我今天就要执掌北大，所以有三件事要通知各位：
>
> 一是抱定宗旨。各位来北大求学，肯定有一定的宗旨。如果想知道你的宗旨是否正大，就要先知道大学的性质。现在的人专科学校就读，学成之后有所工作，这是理所当

然的。然而在大学则不是这样。大学是研究高深学问的地方，外人每次指出咱们北大的腐败，想要在北大读书，都是有着当官发财的梦，所以从预科毕业后，大多数是进入法律系，进入文科的很少，进入理科的更少。大概是因为法律是做官的捷径啊。因为一心想做官，所以不问老师的学问深浅，而是问官职大小。官阶大的人，特别受欢迎，大概是为了方便毕业生有人提携啊。现在我国的政法工作者，大多是进入政界，专职做教授的人很少，所以聘请教师，不得不请兼职的人，这也是不得已之举。讨论外人指摘的合适与否，不具体说了，消弭批评最好的办法就是提高自己的水平。别人说我们腐败，我们问心无愧，有什么可恐惧的啊。真是有做官发财的目的的话，北京有很多专科学校，进入法律系可以在法律学校学习，进入经济系可以在商业学校报考，又何必要来北大呢？所以各位要抱定宗旨，为了寻求知识而来，进入法律系，不是为了做官；进入经济系，不是为了发财。宗旨定下来，事情就都进入轨道了。各位在这里学习，或者三年，或者四年，时间不是不少，如果能珍惜时间，努力学习，那么成绩会很大的啊。如果只是为了发财做官，宗旨就是错误的，那么就会出现问题。平时不努力学习，临考试时再熟读讲义，不考虑有没有获得知识，只挣分数的高低；考试一完，就把书都扔在一边，混个三四年，有了文凭，借着这个在社会上走动，这岂不是与进入大学的初衷背离了吗？虚度光阴，毫无学问，是耽误自己啊。且辛亥那一战，我们之所以革命，就是因为清廷的腐败啊。就是现在，也有很多人对政府不满意，也是因为社会的道德沦丧啊。现在各位如果不在这个时候打好基础，勤奋学习，则如果将来为生计所迫，担任讲师，则一定会耽误学生的啊。进入官场，则会耽误国家，这是贻误别人啊。误人误己，谁又愿意这样呢？所以宗旨不可以不正大。这是我对各位的第一点希望。

二是要将德行努力砥砺磨炼，现今的风气越来越苟且敷衍，只顾眼前，道德沦丧，北京社会尤其是这样，败坏德行的事情，比比皆是，不是德行根基牢固的人，少有不被这种风气污染的。各位在大学学习学业，应当能约束自己，爱惜自己。国家的兴衰，要看社会风气是高尚还是低劣。如果都流于这种风气，前途不堪设想。所以必须有卓越的人士，以身作则，尽力矫正颓废的社会风气。各位作为大学学生，地位是很高的，理应承担这份责任，不能推卸，所以各位不光要思考如何提升自己，更必须要成为他人的榜样。假设不修德，不讲学，和颓废的社会风气同流合污，已是侮辱自己，更何谈成为他人的榜样。然而各位终日在书桌前发奋学习，没有什么娱乐活动，肯定会感到身体上的劳累痛苦。我为各位打算，不如用正当的娱乐活动替代不正当的娱乐互动，既不损害自己的德行，也对身体有好处。各位进入自己的专业时，曾经填写了志愿书，遵守本校的规章制度，如果中途违反，不就是当初的意思不一样了吗？所以品行不可以不严谨对待和修养。这就是我对各位的第二点希望。

三是敬爱师友。教员教授知识，职员服务大家，都是为了大家学习的便利，大家总不可能无动于衷吧？所以就应该以诚相待，尊敬有礼。至于同学住在一起，尤其是应该互相关爱，这样才会有互相交流学习的效果。不光要开

诚布公，更要互相勉励，都在北大，则要荣辱与共。如果
有同学道德有问题，举止有不当，社会上遭到批评，即使
你自己德行合体，也难以辩解，所以大家更要互相勉励。
我在德国，每当到商店里买东西，店主都热情款待，付钱
接物，也都互相说谢谢。这虽然只是细节，但这是交际所
需要的，普通人况且这样，更何况堂堂大学生呢？对于师
友的敬爱，这是我对各位的第三点希望。

我掌管北大才仅仅几天，很多校务还不是很了解，现
有两个计划：一是改良讲义。不仅要靠讲授的知识，还更
要靠各位自己的潜心学习。以后印教义，只印提纲，细节
上的，还有精要的内容，都由讲师口述，或者学生自己找
参考，以求学有所得，能够真正对大家的学习有作用。二
是添购书籍，本校图书馆书籍虽然多，但是新书很少，如
果不广泛购书，必然不能足以给学生参考。现在正在筹集
钱款，多多购买新书，将来书籍满架，自然可以多方参考，
不会有知识上的缺乏。今天和各位说的就这么多，来日方
长，随时都可以和我商讨这些啊。①

蔡元培在这次演说中所倡导的精神，为后来北京大学"学
术自由，兼容并包"精神的形成和发展奠定了的基础，可以说，
正是这篇简短的演说，为北大开启了一个新的纪元。

在蔡元培的这番演讲里，他开宗明义，认为一所大学首先
要明确它的性质，"大学者，研究高深学问者也"，而不是人们
升官发财的阶梯。作为学生在学校中应该关注的是知识的学习，

---

① 《就任北京大学校长之演说》，《蔡元培全集》第3卷，第5页。

而不应该片面地注重分数的高低。在研究学问之外砥砺自己的德行，提高自身的素质和修养也是大学生所必需的。同时，作为学校之主体的师生应该建立一种互敬互爱、互相劝勉的关系。

此后的 1917—1923 年，被认为是蔡元培一生中最为辉煌的时期，他由此无可争议地被奉为全国学界的领袖。

内行管内行——实行教授治校

蔡元培就任北大校长后的第一个重大举措，是在大学的管理模式上力图贯彻"教授治校、民主办校"的原则，让做学术的人领导学术，从而彻底改变以往那种大学的校务由校长、学监等少数人独揽的做法。

1917 年，蔡元培到北大后不久，就主持设立了"北大评议会"，以之作为全校的最高立法机构和权力机构，负责制定和审核学校的各种章程、法令，以及学科的废立，学校的预算、决算等。

这个"评议会"的会员全部由教授组成，校长和各专业学科的学长为当然评议员，其余评议员则由文、理、法、工各科的本科和预科各推举两名教授担任。评议员的任期为一年，期满后即进行下届选举，评议员可以连任。到 1919 年底，评议员的产生则改为按名额分配，即每 5 名教授中可投票选出一个评议员。

北大的第一届评议员有：校长蔡元培，文科学长陈独秀，理科学长夏元瑮，法科学长王建祖，工科学长温宗禹，文本科教授代表胡适、章士钊，文预科教授代表沈尹默、周思敬，理本科教授代表秦汾、俞同奎，理预科教授代表张大椿、胡濬济，法本科教授代表陶履恭、黄振声，法预科教授代表朱锡龄、韩述祖，工本科教授代表孙瑞林、陈世璋。

为了进一步健全"教授治校、民主管理"的领导体制，在蔡元培的推动下，1919 年，北大又在作为最全校最高立法机关和权力机关的"评议会"之外另设了三个机构：

一是行政会议，作为全校的最高行政机构和执行机关，负责实施评议会的各项决议。行政会议的成员的资格也限定为教授，由各专门委员会的委员长及教务长、总务长担任成员，由校长兼任行政会议议长。行政会议下设 8 个专门委员会，分管各类行政事务，分别是组织、庶务、审计、图书、聘任、仪器、入学、新生指导委员会。各委员会的成员由校长推举，经评议会批准通过。

二是设教务会议及教务处，由各学科的系主任组成，从中推出教务长一名，任期一年，统一领导全校的教学工作。这一时期，担任过北大教务长的有马寅初、顾孟余、胡适等人。

三是设总务处，设总务长一人，主管全校的人事和事务工作。总务处的首长亦为教授学者。如以蒋梦麟为总务长兼会计部主任，李大钊任图书部主任，陈世璋任仪器部主任，李辛白为出版部主任，沈士远任校舍、斋务、杂务、卫生部主任，郑寿仁任注册、编志、询问、介绍部主任。

蔡元培设计出的这一套"教授治校""依法治校"的体制，为北大走上健康、稳定发展的轨道提供了组织上和制度上的保障。在这套体制的护航之下，北大在当时以及后来，都不曾因为政治时局动荡以及校长人选的更迭而影响正常的教学秩序和校园秩序。曾任北大教务长的顾孟余说："先生（指蔡元培）长校数年，以政治环境关系，在校之时少，而离校之时多。离校之时，校务不但不陷停顿，且能依照计划以进行者，则以先生已树立评议会及各种委员会之制度。"①

蔡元培自己也对在北大建立的这套体制很感欣慰。1920年10月，他赴欧考察教育，与大家话别时说："我这次出去，若是于本校不免发生困难，我一定不去。但现在校中组织很严密，职员办事很能和衷，职员与学生间，也都是开诚布公，我没有什么不放心的事了。"②

兼容并包——影响后世的学风

以一个大学来转移一时代学术或社会的风气，进而影响到整个国家的青年思想，恐怕要算蔡孑民时代的北京大学。

当年蔡元培时代的北大学生，后任国立中央大学、清华大学校长的罗家伦（1897—1969）这样说。

胡适、陶行知的老师，美国著名教育家、哲学家、社会学

---

① 顾孟余：《忆蔡孑民先生》，《蔡元培先生纪念集》，中华书局1984年版，第78页。

② 《在北大话别会演说词》，《蔡元培全集》第3卷，第405页。

家、实用主义学派创始人约翰·杜威也说过这样一段话：

> 拿世界各国的大学校长来比较，牛津、剑桥、巴黎、柏林、哈佛、哥伦比亚等等，这些校长中，在某些学科上，有卓越贡献的，不乏其人；但是，以一个校长身份，而领导那所大学对一个民族、一个时代，起到转折作用的，除蔡元培而外，恐怕找不出第二个。

就任北大校长后，蔡元培提出"囊括大典，网罗众家，思想自由，兼容并包"的办学方针。正如他的一句名言："大学者，'囊括大典、网罗众家'之学府也。"①

所谓的兼容并包实际上也有很大的风险：既有可能汇聚各方英才，也有可能成了三教九流无不掺杂的大杂货铺。这在很大程度上就有赖于掌管者的态度和作风。

蔡元培本身对于中西学术都有深厚的积淀，对于真正的人才，他很少看走眼。蔡元培在这个时候对各类学术人才兼收并蓄，并造成了一种大家和平共存、不相妨害的局面。本来中国有"文人相轻"的传统，互相谁也瞧谁不服气，共处一堂，是很容易滋生矛盾的。但蔡元培处事公平、不偏不倚，使各路才

---

① 高平叔：《蔡元培教育文选》，人民教育出版社，1980版，第20页。

俊心服口服，把彼此的不满和争辩限定在一个合理的范围内。

蔡元培刚到北大时，北大的本科分为四科，有四个学长。蔡元培重新聘请了四科的学长——文科学长为陈独秀、理科学长为夏元瑮、法科学长为王建祖、工科学长为温宗宇。

在当时北大，文科是守旧派最为集中之处、是北大教育革新的首要障碍。因此，整顿北大首先是要整顿北大文科。1917年1月13日，蔡元培任校长的第九天，就以"三顾茅庐"的精神将新文化运动的倡导者、领袖人物陈独秀礼请至北大任文科学长。

陈独秀来到当时的北大，对北大教育革新的意义极为重大。他上任文科学长，催发了北大在文化革新方面的锐气，尤其是他带来了一份影响中国历史进程的重要刊物——《新青年》。陈独秀出任北大文科学长后，以北大为依托、以《新青年》为阵地，鼓吹新思潮，聚集了北大学人的革新力量，掀起了波澜壮阔的新文化运动。

在蔡元培的网罗下，胡适、钱玄同、刘半农、周作人、李大钊、鲁迅、高一涵、沈尹默、吴虞等新派人物云集北大。一时间，北大的师资阵容蔚为壮观。这批人不仅思想新，而且各有所专、学有所长。客观地说来，这些人物其各自的贡献，蔡元培是无法一人包揽和承担的。但如果没有蔡元培，他们将无法汇聚在同一个旗帜下，他们各自也因此难以发挥那么大的影响社会思潮的能量。是蔡元培给这些人提供了北大这样一个宽阔而高耸、得以施展所学的平台。

大量引进具有新知新思想的人，并不意味着蔡元培排斥"旧人"。很多思想守旧但是传统国学功底深厚的学者也同样受到蔡元培的重视，例如黄侃、刘师培、辜鸿铭、黄节、崔适、陈汉章、屠寄等人。这时北大的文科老师中，一大批学术建树颇丰的新老学者囊括其中，如马叙伦、马裕藻、朱希祖、陈大齐、陈介石、陈垣、孟森、杜国庠、马衡、吴梅、章士钊、刘文典、陈寅恪、徐悲鸿、杨昌济、沈兼士、梁漱溟、马寅初、陶孟和、王宠惠等。

北大的理科在蔡元培的领导下也像文科一样人才济济，著名的教授学者有：李四光、翁文灏、丁文江、任鸿隽、李书华、温宗宇、王尚济、孙云铸、陈世璋、俞同奎、秦汾、王仁辅……这批学者几乎无一不是当时国内科学界的顶尖人物。

在延揽人才上蔡元培真正做到了不拘一格，最著名的例证是年轻的学者梁漱溟。

梁漱溟既没有出国留学镀金的经历，也没有国内的大学文凭，但他钻研学术、富有创见的精神，让蔡元培感到这个人是个人才。于是，时年仅24岁的梁漱溟被蔡元培招入北京大学，并给予他讲师的职称。当梁漱溟后来成为一代大师——新儒家学派的著名代表人物时，他总是不忘强调：是当年的蔡元培和北京大学栽培了他。

这一时期，有一个后来改写中国历史的人物也在北大任职，他就是毛泽东，当时在北大图书馆的图书管理员。不过，直到中国的红军完成长征后毛泽东提及他在北大的经历还愤愤不平，他对到延安采访的美国著名记者斯诺回忆道："我的职位低微，大家都不理我。我的工作中有一项是登记来图书馆读报的人的姓名，可是对他们大多数人来说，我这个人是不存在的。在那些来阅览的人当中，我认出了一些有名的新文化运动头面人物的名字，如傅斯年、罗家伦等，我对他们极有兴趣。我打算去和他们攀谈政治和文化问题，可是他们都是些大忙人，没有时间去听一个图书馆助理员说南方话。"

由于蔡元培在用人上打破了资历限制，这一时期北大的教师队伍迅速实现了年轻化。据1918年的统计，这时的北大教授平均年龄只有三十多岁，其中不少只有二十六七岁，这在中外大学的历史上，都是不多见的。

蔡元培还毫不留情面地辞退不称职的教员。英文系的青年教员徐佩铣被人称为"探艳团长"，个人品质下流，即被蔡元培开除出校。继而蔡元培又顶住压力把一批不称职的外籍教员裁撤出校，即使此举引来当时英国驻华使的蛮横干涉，也毫不退让。

有了"思想自由、兼容并包"，才使得"囊括大典，网罗众家"有了实际意义。"思想自由、兼容并包"，它反映了领导办学事业的人的一种难能可贵的宽容精神，如果放大了来看，它更反映了这个领导者对自己理念的自信，而蔡元培就具备了这种自信。在这个方针下，北大的思想和学术呈现出缤纷万象、百家齐鸣的景象。

在当时的北大有一种说法，中国有多少党派，北大就有多少学派；北大有多少个教授，校园里就有多少种学术观点。

在北大的讲堂上，史学方面，既有信古派的黄侃、陈汉章，也有疑古派的胡适、钱玄同。李大钊、陈独秀可以在讲坛上宣传马克思主义、社会主义，也有的教师在课堂上大讲特讲国家主义、无政府主义；有人提倡工读互助主义，有人宣传儒佛道者；陈独秀、胡适、刘半农、周作人提倡白话文，而黄侃、刘师培、林损等则极力维护文言文的地位。

如果走进那个时代的北大，人们可能会有一种时空错乱之感。当时的校园里，有些教授如胡适，上课时总是西装革履、洋派十足；而在另一间教室上课的辜鸿铭，则是长袍马褂、拖着长辫子，还手持旱烟袋，并专门有仆人为之点烟上水，诸如此类的情形不一而足。这些人用自己的外表装束在无形中昭示着自己的理念。

在蔡元培"思想自由、兼容并包"办学方针的指导下，各类学术团体如雨后春笋般涌现：例如，陈独秀、李大钊发起组织的"社会主义研究会"，1921 年改名为"马克思学说研究会"；胡适、马叙伦等组织的"哲学研究会"；梁漱溟组织的"行知社"；徐志摩组织的"阅书报社"；其他还有"教育研究会""成美学会""进德学会""雄辩讲演会"……

在北大校园里的刊物，有校方编办的，如《北京大学日刊》《北京大学月刊》《国学季刊》《社会科学季刊》；有教授私人筹办的，如《新青年》《每周评论》《努力周刊》《读书杂志》《语丝周刊》《现代评论》《猛进》；也有学生自办的，如《新潮》月刊。其中以陈独秀创办的《新青年》、胡适主编的《每周评论》最为有名。

蔡元培曾批评此前的选课制度过于死板，"使锐进者无可见长，而留级者每因数种课程之不及格，须全部复习，兴味毫无，遂有在教室中瞌睡、偷阅他书及时时旷课之弊。而其流弊又传染于同学。"① "知教育者，与其守成法，毋宁尚自然；与其求划一，毋宁展个性。"② 他在主持北大后，大大扩大了学生们选修课的范围。这样一来，既出现过每逢胡适讲课时，由于听课的学生人数太多，常常需临时把课堂改至大教室或礼堂，还出

---

① 《传略》上，《蔡元培全集》第 3 卷，第 42 页。
② 《新教育与旧教育之歧点》，《蔡元培全集》第 3 卷，第 174 页。

现座无虚席的现象；也会出现某一门课程仅有一名学生选修的场景。

至于课堂教学中不同观点的交锋、互捧、或指名道姓批评对方观点，也是家常便饭。

胡适对钱穆的《向歆父子年谱》的考据谨严，折合今古家法，十分佩服，遂常常在课堂上对学生们做义务宣传。但他对钱穆、冯友兰、顾颉刚等人关于老子和《老子》一书时代的争论，在课堂上则大肆抨击，而这并不影响学人之间的友谊。

"胡适是一个书生，说不好听一点，就是一个书呆子。举一小事，胡适一次会议前声明要提前退席，会上忽而有人谈到《水经注》，胡适之先生立即精神抖擞，眉飞色舞，口若悬河起来，乃至忘了提早退席这件事。"① 北大学者季羡林曾这样回忆胡适的作风。

特立独行的国学大家辜鸿铭就不买胡适的账，他认为胡适号称治哲学史，但却既不懂德文，又不懂拉丁文，简直是硬充门面、画虎成猫、误人子弟。

而章太炎的高足黄侃也看不起留美的洋博士胡适。但这可不是唯一让他看不上的人，黄侃在上课的时候骂起同门师弟钱玄同来也照样毫不留情，以至于两人同时上课，因教室相邻，钱玄同这边听得字字入耳，连下面听课的学生都忍不住好笑，但钱玄同站在讲堂上若无其事。当年就曾在下面听课的王昆仑回忆说："教文字学的两位老师，一位是新派钱玄同；一位是老派黄侃。我选的是钱玄同的课。一天，我正在课堂上听钱老师的课，不料对面教室正在讲课的黄侃大声地骂起钱玄同来了。

---

① 《站在胡适之先生墓前》，《百年潮》杂志，1999 年 7 月，第 14 页。

钱听了也满不在乎，照样讲课。后来，我既听钱玄同的课，也听黄侃的课，以便两相对照。"

陈独秀曾在《蔡孑民先生逝世后感言》中称赞蔡元培"容纳异己的雅量，尊重学术自由思想的卓见，在习于专制、好同恶异的东方人中实所罕有"。

其实，陈独秀应该尤其感谢蔡元培对他的爱护和包容。这位为呼吁科学与民主的新文化运动急先锋行事风格圭角毕露、锋芒侵人，个人生活上也是放浪形骸、不检细行，往往他的敌对者以攻讦的口实。陈独秀曾去当时北京的红灯区"八大胡同"消遣，有时闹到被妓女控告、被警察局传讯、被小报大肆渲染，成为轰动社会的丑闻。运笔如枪的陈独秀，若没有蔡元培为他屡次三番解围，恐怕早就被赶出北大了。

难得的是，蔡元培自己是北大进德会的模范会员，"不嫖，不赌，不纳妾"这三条他绝对遵守了，但蔡元培并不以自己的道德标尺去苛求他人。蔡元培对陈独秀之爱护并不是毫无原则，而实在因为在蔡元培看来后者是难得的人才、有益国家，其言论主张值得同情、支持。

这时的北大创办才仅仅20多年，得益于蔡元培的"十六字办学方针"，北大已迅速跻身于当时世界一流的大学。

到20世纪20年代中期，北京大学在学术研究上取得了令人骄羡的成绩，例如物理专业，由于一批从海外学成归来的教授们的殚精竭虑，北大预科的物理水平已与美国哈佛大学一年级水平相当，北大物理专业的本科毕业生水平也处在美国学士与硕士之间。

学科改革——"道"和"术"的纠偏

"中学为体，西学为用"这是上个世纪之交在中国学界广为人知的口号，乃至到了今天还余音犹在。这个口号的提出者，是最先接受了西方新学的中国知识分子，而他们不可避免受到西学思维的影响，才提出这样一个命题，力图为东西思想做一个合理的定位。

问题在于，他们口中所谓的"中学"本质上侧重于"道"，换言之，注重的是世界观方面、修身方面、做人的伦理，而他们所理解的"西学"，注重的是"术"，注重做事的方式、科技的革新。一个是超越的，一个是现实的，可以说，这完全是两个层面的东西。修身的方面本就是"体"，而致用的方面本就是"用"。举例而言，一个科学家，他要掌握专业技能，但同时，他要有品德、理念、伦理观念。这二者毫无悖逆。

再进一步说，"中学"自当为体，"西学"自当为用。并不能因为西方科技发达、东方物质文明落后，就认为中国传统的人文思想和哲学也落后，这是极为可笑的。

蔡元培的可贵，在于并没有因为西方船坚炮利、科技强大，就像当时鼓吹"实业救国""工科救国"论者一样，专注于理工，他对人文学科的重视，足以成为那个大时代的鸣奏曲中一个空谷回音般的音符，具有超越时空的意义。这具体就体现在他对大学学科的定位上。

本来，北大的学科是文、理、法、商、工五科并立，可以说是高大全而没有重点。蔡元培任校长后，坚决主张将北大办成只包括文、理两科的大学。他在北大的学制改革方面首先是调整学科设置，这对一个大学的发展来讲至关重要，将涉及大学的学术定位、思想文化特色的走向。

1917 年 1 月 27 日，蔡元培在国立高等学校校务讨论会上提议，一般的综合性大学只设立文、理两科，其他法、医、农、工、商五科则设立单独、独立的专科大学，如法科大学、医科大学等。蔡元培批评当时的高等教育过于模仿日本，既在一般的综合性大学中除设立除文、理，同时还设立法、医、工、商等科，同时又有这几个学科的专科学校存在。

蔡元培提出了这种办学方式的弊端：一方面，"同时并立，义近骈赘。且两种学校之毕业生，服务社会，恒有互相龃龉之点"，也就是说，这相当于重复建设，资源重叠，又导致综合性大学和专科大学的同种专业毕业生形成无必要的竞争；另一方面，高、大、全的学科设置，对大学来讲也造成了不必要的负担，分散了大学的办学精力和资源。例如，北大五个学科虽然看起来齐备全面，"而每科所设，少者或止一门，多者亦不过三门。欲以有限之经费，博多科之体面，其流弊必至如此。"①

蔡元培力排来自各方的阻力，在北大停办了商科，将北大的工科并入北洋大学，并计划将北大法科分出去，独立成立法学专科大学（这一计划后来没有实现）。同时，大力充实北大的文、理两科。在文科中，除原有的中国哲学专业、中文专业、英国文学专业外，又先后增设中国史专业、法国文学专业、德国文学专业、俄国文学专业；在理科，除原有的数学、物理、化学三门外，又于 1917 年增设地质学专业。

在蔡元培的领导下，北大建成了一所以文、理科为主的综

①　《大学改制之事实及理由》，《蔡元培全集》第 3 卷，第 130—131 页。

合性大学。难能可贵的是，蔡元培还提出了"沟通文理"的主张，原因很简单，在蔡元培看来，文、理是不能"分家"的。

例如在他看来，文科的史学、文学均与科学有关；而哲学更是以自然科学为基础的；同样的，理科的各个专业，都与哲学有关。蔡元培认为，哲学应是科学的归宿。同时，有些学科彼此交叉，根本无法以文理来划分。例如，心理学以前从属于哲学，由于后来广泛采用科学试验的方法，归入理科也说得通；再如地理学中的人文方面应属于文科，地质专业的地文方面则属于理科的范畴。

蔡元培批评文理科划分得过于清晰，弊端很大。他认为这造成的后果是，文科生将"因与理科隔绝之故，直视自然科学为无用，遂不免流于空疏"，理科学生则"以与文科隔绝之故，遂视哲学为无用，而陷于机械的世界观"。这个看法是深刻而富于远见的。蔡元培坚决主张北大应打破学生"专己守残之陋见"，"沟通文理，合为一科"。①

1918 年 9 月 20 日，蔡元培在开学仪式的演讲上说，"近并鉴于文科学生轻忽自然科学，理科学生轻忽文学、哲学之弊，为沟通文、理两科之计画。"1919 年，蔡元培即废止北大文理科的科别，将原来分属文、理、法三科的 14 个专业一律改成为系，原来分属于这三科的各系分别改称第一院、第二院、第三院。这个院，不是院系的院，而是大院的院，也就是说，是按各科所在校园内的地域而划分的，并不算做一级机构，从而模糊了专业的概念。

---

① 《传略》（此是蔡元培口述的自传，由黄世晖笔记。）上，《蔡元培全集》第 3 卷，第 331 页。

一个没有哲学和思想的民族是没有灵魂的民族，注定不能在世界民族之林长久存在。但在中国近代"救亡图存"的风气之下，在学人中也出现了急功近利的浮躁思维。蔡元培之所以如此重视文、理两科，并且还如此重视"文理沟通"，他深层次的目的还在于，要扭转当时大学中"重术轻学""重工轻文理"的偏向，从而为基础学科的学术研究营造风气。

蔡元培进一步认为，中国近代在学习西方过程中亦始终犯了"重术轻学"的毛病。他说：

> 中国羡慕外人的，第一次是见其枪炮，就知道他的枪炮比吾们的好。以后又见其器物，知道他的工艺也好。又看外国医生能治病，知道他的医术也好。有人说，外国技术虽好，但是政治上止有霸道，不及中国仁政。后来才知道外国的宪法、行政法等，都比中国进步。于是要学他们的法学、政治学，但是疑他们道学很差，以后详细考查，又知道他们的哲学，亦很有研究的价值。他们的好处都知道了，于是出洋留学生，日多一日，各种学术都有人研究了。然而留学生中，专为回国后占地位谋金钱的也很多。所以学工业，预备作技师。学法律，预备考法官，或当律师。学医学，预备行医。只从狭义去做，不问深的理由。①

他进一步说：

> 中国固然要有好的技师、医生、法官、律师等等，但要

---

① 《在爱丁堡中国学生会及学术研究会欢迎会演说词》，《蔡元培全集》第4卷，第42页。

在中国养成许多好的技师、医生等，必须有熟练技能而又深通学理的人回去经营，不是依样画葫芦的留学生做得到的。……要是但知练习技术，不去研究学术；或一国之中，练习技术的人虽多，研究科学的人很少，那技术也是无源之水，不能会通改进，发展终属有限。①

简单总结蔡元培的观点，就是既要研究西方的"术"，也要研究西方的"道"，研究西方发达科学背后的人文思想方面因素，而不是仅仅把西方人的一些先进技术学到手，就大功告成，富国强民就指日可待。

由此我们也不难理解，蔡元培作为受过最传统中式教育的知识分子，何以身体力行地做出一些在当时的守旧派看来是惊世骇俗之举。是的，蔡元培要学西方，他就要学到骨子里，而不仅仅是流于泛泛，他要革新中国传统的，是不合时宜的部分，而并非全盘否定、毫无坚持。

春风化雨的蔡校长

中国当代著名的哲学家冯友兰于 1915 年至 1918 年就读于北京大学的哲学系，这一期间，正好是蔡元培在北大校长的任上。冯友兰回忆说：

有一天，我在一个穿堂门的过道中走过，蔡先生不知道有什么事也坐在过道中，我从这位新校长身边走过，觉得他蔼然

---

① 《在爱丁堡中国学生会及学术研究会欢迎会演说词》，《蔡元培全集》第4卷，第42页。

仁者、慈祥诚恳的气象，是我心里一阵舒服。我想这大概就是古人所说的春风化雨吧。蔡先生一句话也没有说

就使我受得了一次春风化雨之教，这就是不言之教，不言之教比什么言都有效。①

1918 年的一天，身为北大学生的冯友兰因一件事急需北大开具证明，由于时间紧迫，照正常手续办已经来不及了。24 岁的冯友兰决定直接去见北大校长。

校长室在一个单独的大院子中。冯友兰走进院门，院子中一片寂静，校长室的门虚掩着，门前既没有保卫，也没有服务员。冯友兰径直走了进去，外间是一个大会客室兼会议室。通往里间的门也虚掩着，门前没有秘书，也没有其他职员。

冯友兰推开门进去一看，蔡元培正一个人坐在办公桌前看文件。他便走上前去，站在蔡元培身旁。蔡元培发现来人，亲切地回首问道："有什么事吗？"

冯友兰把一封已经写好的信递过去。蔡元培看完信，说道："这是好事，当然出证明书。"冯友兰说："请校长批一下。"蔡元培提起笔来，批了几个字，亲切地交代冯友兰说："你拿着这

――――――――――

①　冯友兰：《我所认识的蔡孑民先生》。

个到文书科，叫他们开一个证明书。"

冯友兰轻轻地退了出来，去文书科办理了相关手续。

直到多年以后，冯友兰还清楚记得他和蔡元培接触的一个个细节：

> 我进去和退出这一段时间内没有看见第二个人，当时我想，蔡先生以校长之尊，不要校长排场，也不摆校长架子。他一个人坐在校长室里，仍然是一介寒儒，书生本色，办事从容不迫，虽在事务之中，而有超乎事务，肃然物外的气象，这是一种很高的精神境界。蔡先生在几分钟之内不但解决了我的问题，也把我吸引到这个境界的大门口。①

也直至多年后的 21 世纪，北大的学子们有时还能在北大的未名湖边不经意碰到出来散步的一代代校长，这个平和的风气，大概就是来自蔡元培的遗传。

1918 年 1 月，蔡元培在北大发起组织进德会，会员分甲、乙、丙三种。甲种会员要做到不嫖、不赌、不娶妾；乙种会员于前三戒外，另加不做官、不做议员；丙种会员则于前五戒外再加不吸烟、不饮酒、不食肉三戒。这放在今天也是难以想象的，原因在于，现代的社会，越来越强调公德，对于个人的私德，社会舆论是较少顾及的。

而在《北大进德会旨趣书》中，蔡元培认为那种以为只要能尽公德便可以不讲私德的观点是不足取的，他说，"今人恒言：西方尚公德，而东方尚私德；又以为能尽公德，则私德之出入，不足措意，是误会也。吾人既为社会之一分子，分子之

---

① 冯友兰：《我所认识的蔡孑民先生》。

腐败，能无影响于全体。如疾症然，其传染之广，往往出人意表"。①

蔡元培号召北大的老师和学生们积极加入进德会，提出入会的作用是：一可以绳己，二可以谢人，三可以止谤。

蔡元培这么一鼓动，结果进德会开成立大会时，教员和学生纷纷加入。各科的学长和著名教授及北大的一些主要行政人员，如李大钊、陈独秀、胡适、钱玄同、刘半农、沈尹默、周作人、马寅初、章士钊等，以及学生中后来知名的邓中夏、许德珩、张国焘、张申府等都成为进德会的成员。共计教员76人，学生301人，职员92人。

这倒颇能反映出蔡元培这个新知识分子以及那一代知识分子受中国传统文化的影响之深。

中国的传统教育方式，正如前面章节提到的，它本身整合了知识和品德修养教育为一体，在相当程度上是一种人格教育、怎样做人的教育，而不是技术、技能的培养，是重"道"而不重"术"的，是首先注重做人，其次才注重做事的。中国传统社会的舆论，也是看重一个人的私德。当中国社会进入转型期，中国人走向世界的时候，往往给人"公德"很差的印象，诸如在公共场合一些不文明的习惯等等，其实这背后有着深刻的文化传统上的原因，是文化的因素，其实和个人品行说不上有多大关系。

蔡元培在西学中深深地浸淫过，在他看来，西学固然有强大的现实生命力，但绝对无法因之全盘否认为东学的价值。弥补德育的不足是蔡元培念兹在兹的事情。

---

① 《北大进德会旨趣书》，《蔡元培全集》第 3 卷，第 124 页。

当然，蔡元培这样挽救时弊的做法能起到多大作用就很难讲了。私德的培养无法用强制手段，只能靠教化和熏陶，虽然它很可能影响一个人一生的事业和命运，乃至于影响到社会。蔡元培的诸多想法和做法，其苦心可为一叹。

蔡元培还很注重校园风气中的细节。傅斯年曾回忆说："蔡先生到北大第一年中，有个同学，长成一副小官僚的面孔，又做些不满人意的事，于是同学某某在西斋壁上贴了一张'讨伐'的告示。两天之内，满墙上出了无穷的匿名文件，把这个同学骂了个'不亦乐乎'。其中也有我的一件，因为我也极讨厌此人……"结果这么一件和文化、学术建设无关的小事，居然被蔡元培给注意到了。傅斯年回忆："过了几天，蔡先生在一大会中常说，最后说到此事，大意是说：'诸位在墙壁上攻击某某君的事，是不合做人道理的。诸君对某君有不满，可以规劝，这是同学的友谊。若以为不可规劝，尽可对学校当局，这才是正当的办法。至于匿名揭帖，受之者纵有过，也决不易改悔，而施之者则为丧失品性之开端。凡作此事者，以后都要痛改前非，否则这种行动，必是品性沉沦之渐。……从此做事，决不匿名，决不推自己的责任。'"蔡元培这样一番像慈父训导不懂事孩子般的话讲了之后，北大校园里类似的种种匿名壁报就慢慢绝了迹。

有一次，为纪念北大建校二十五周年，校方在大礼堂举行了一场音乐会。到了晚上8点音乐会将要开幕时，礼堂的秩序发生了混乱，原因是礼堂里的一部分座位被无票的学生占领了，而有票的学生反而进不来。

蔡元培也在场，他站了起来，和蔼地说，"这次音乐传习所第一次公开演奏，在广大的场所中因为收不住音，仿佛是不甚相宜，所以定在这个视觉中演奏，不能普遍的发给入门券，是因为会场小的缘故。我们这里是北京大学的礼堂，不是沙场，我劝没有入门券而进会场的人要一律退出，出去告知外面没有持券的也一律退去，让有券的可以进来"。

他接着说，"爱好音乐的诸位，如果愿意听，我请音乐传习所的诸同人再为诸位演奏一次，不但一次，以后也可以常常演奏。现在就请你们没有持入门券而进来的人都出去，并且照我的话去告知没有持券的而想进来的人"。

蔡元培这番入情入理的话之后，接下来发生的场景，可从一位北大的校友多年后的深情回忆中看到："蔡先生说完这些话之后站在台上，只听见台下一阵鼓掌声，有一百多位没有持券的人都站起来，依着次序陆续地出去，大家静悄悄的。蔡先生还站在台上，含着微笑点首。我座位的周围是空虚而且寂静，眼看没有券的人一个个的退去，有券的一个个的进来，第二院中还是那么静穆和严肃，音乐演奏会还是按时开幕。我鼻子一酸，含在眼眶里的泪跟着蔡先生的微笑一齐出来，我不知道巍然在我前面的是高山呢还是大海。"①

1922 年，蔡元培以北大校长的身份赴欧美参观调查。这时，学生冯友兰正在纽约的哥伦比亚大学就读。纽约的北大同学会听说蔡元培要从伦敦到纽约，就组织了一个接待委员会，冯友兰也是委员之一。同学们到纽约的码头上迎接，只见 56 岁的蔡元培一个随从也没带，独自下了船。蔡元培住在哥伦比亚大学附近的小旅馆内，和同学们在一起，一些生活上的事务都由接待委员

① 川岛：《十五年前的一个小故事》，载《北京大学五十周年纪念特刊》，转引自梁柱著《蔡元培与北京大学》，北京大学出版社 1996 年版，第204—205 页。

会经理负责。

中国留学生们为蔡元培开了一个欢迎会，会场设在哥伦比亚大学的一个大教室内，教室里座无虚席。冯友兰见到，蔡元培一进会场的门，在座的人呼的一声都站起来了，动作整齐划一，好像是听到了口令一般的不约而同。一个在哥伦比亚大学进修的学者见到这副景象公开说："我算是真佩服蔡先生了。北大的同学都很高傲，怎么到了蔡先生面前都成了小学生了？"

蔡元培在发言中讲了一个故事，说是一个人的朋友得到了神仙的法术，能点石成金。这个朋友对这个人说：我能点石成金，你要多少金子，我都点给你。这个人说：我不要金子，我只要你那根手指头。全场哄然大笑。蔡元培借这个故事恳切地对大家说，"诸位同学到国外留学，学一门专门知识，这是重要的，更重要的是要得到那个手指头，那就是科学方法。你们掌握了科学方法，将来回国后，无论在什么条件下，都可以对中国做出贡献。"他慈祥诚恳的气象和风趣的言语打动了在场的每一个人。

蔡元培在北大的行事又可谓稳健和机智。

在男女同校的问题上，蔡元培的做法是，先让女生入校旁听，然后渐渐正式招收，并不向当时的教育部明文通报，以免碰钉子，乃至于闹到硬碰硬的地步。蔡元培心明眼亮地看到，教育部的规定里并无禁止女生上大学的条款（当然，相关的规定都是他在教育总长任内制定的）。等到反对者看到木已成舟，而且社会舆论越来越开明，偏向于赞同男女同校，反对者也就不作声了。

蔡元培还引经据典，把"自由、平等、博爱"这个响彻法国大革命时代的口号推演出中国式的解释，"自由者，'富贵不能淫，贫贱不能移，威武不能屈'是也，古者盖谓之义；平等者，'己所不欲，勿施于人'是也，古者盖谓之恕；友爱（当时把'博爱'翻译成'友爱'）者，'己欲立而立人，己欲达而达人'是也，古者盖谓之仁。"这么一洋文中解，倒与中国的传统文化很接轨，一时间反对这个口号的守旧派茫然失措，也便一时收声。

时人曾这样形容：斗士般的陈独秀打的是南拳，虎虎生威、且刚且猛，而蔡元培更是一个智士，擅长的是太极推手，于柔而无声中四两而拨千斤。

新文化运动的船长

用梁漱溟的话说：

> 所有陈胡以及各位先生任何一人的工作，蔡先生皆未必能作，然他们诸位若没有蔡先生，却不得聚拢在北大，更不得机会发抒。……这毕竟是蔡先生独有的伟大，从而近二三十年中国新机运亦就不能不说蔡先生实开之了。①

梁漱溟的这段话，比较恰切地道出了蔡元培在新文化运动中的首功，那就是，正是蔡元培给中国近代"五四"时期的新文化运动提供了阵地。

当年的北大，有著名的三只"兔子"：蔡元培、陈独秀、胡适。因为这三人都属兔，彼此之间相差 12 岁，被人称为"兔子党"。后来人们完全可以这样推论，假若陈独秀、胡适只有《新

---

① 梁漱溟：《忆往谈旧录》，中国文史出版社，1991 年版，第 90 页。

青年》这个作战的堡垒，而缺少北大这个向外发声的阵地，没有北大教授这个堂堂正正的身份，新文化运动

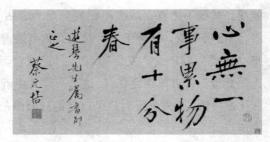

就不可能具有高屋建瓴之势和摧枯拉朽之功。假若蔡元培不崇尚法国革命的精神，不主张学术自由，不倡导"读书不忘爱国"，五四运动就不会轰轰烈烈地开展。

新文化运动，顾名思义，是革除中国的旧文化，倡行新文化。革除旧文化，就是"反传统、反孔教、反文言"的思想文化革新、文学革命，提倡新文化，就是提倡民主与科学（旧称"德先生"与"赛先生"，即英文的 Democracy 和 Science）。新文化运动总的旨趣可概括为：一、提倡民主，反对专制；二、提倡科学，反对迷信；三、提倡新道德，反对旧道德；四、提倡新文学，反对旧文学。

在那时的新知识分子们看来，有了民主与科学这两样东西，中国就不愁翻不了身、强大不起来，相反，缺少这两样东西，国家则危在旦夕。这个时候的新式知识分子们一提起"德先生"与"赛先生"这两个词就群情激奋、兴致高昂、不能自已。

1915 年，陈独秀在其主编的《新青年》刊载文章，提倡"德先生"与"赛先生"，这可以看做是新文化运动的发端，但还没有形成大的影响。恰恰是在蔡元培担任了北大校长后，在"兼容并包"的指导思想下，蔡元培吸纳和聚集了一批新式知识分子，如陈独秀、胡适、李大钊、鲁迅、沈尹默、钱玄同、高一涵等人进入北大，还支持陈独秀把《新青年》杂志也迁到北

大，深入到求新意识强烈的青年人中间。这等于是把倡行新文化的力量汇聚到一面旗帜下，才集中发出了振聋发聩的声音，造成前所未有的声势。

蔡元培领导下的北大成了新文化运动的阵地，使之进而成为全国性的思想解放运动，这种作用几乎是无可替代的。还不仅如此，当新文化运动遇到守旧势力攻击的时候，蔡元培的担当风骨也体露无余。

对新文化运动的反对力量一度来自政治和文化两界。

1919 年 2 月至 3 月间，桐城派古文家林纾代表守旧派人士，率先向北大和蔡元培发难，他在自己的作品里把蔡元培比作襄助"毁圣灭伦"的怪物，指斥北大的陈独秀、胡适等人"覆孔孟，铲伦常"，"尽反常轨，侈为不经之谈"，告诫蔡元培要"以守常为是"，"为国民端其趣向"，意思是说，要蔡元培注意自己的身份和影响，给人民做一个端正的榜样。

客观地说，新文化运动的反对者中间，一些人是出于守旧心理，对传统文化有难以割舍的感情，还有一些人是为了维持中国文化的纯正，他们担心革新会把传统文化不分良莠一概抛却，这导致他们对任何形式上的革新和叛逆都不能容忍，这其实是情有可原的。一些是顽固不化者，一些是慨叹人心不古者。守旧、反革新，有时和人品有关，有时则是纯学术上的争论，和私德无关。

对于林纾这一类人的发难，蔡元培一一做了从容的答辩。蔡元培给林纾写了一封信，就林纾对北大、对陈独秀、对胡适等人的攻击或批评略有辩解。但守旧派一再造舆论，北洋政府的首脑们也有点儿坐不住了，通过民国的教育部，向蔡元培施压，要他注意约束北大师生的言行，批评《新潮》杂志等言论过于激进，乃至于传出要蔡元培辞退陈独秀、"管教"胡适等人的声音。

这下子蔡元培可没法容忍了。"北京大学一切的事都在我蔡元培一人身上，与这些人毫不相干。"① 字字掷地有声。

1920 年 4 月，蔡元培进而在北京英文《导报》增刊上发表了《洪水与猛兽》一文，在文章中，他以洪水比喻新思潮，以猛兽比喻军阀，他说，"我以为用洪水来比新思潮，很有几分相像。他的来势很勇猛，把旧日的习惯冲破了，总有一部分的人感受痛苦；仿佛水源太旺，旧有的河槽，不能容受他，就泛滥岸上，把田庐都扫荡了"，"中国现在的状况，可算是洪水和猛兽竞争。要是有人能把猛兽驯服了，来帮同疏导洪水，那中国就立刻太平了"。②

新思潮中的沉静者

蔡元培本人在新文化运动中所发挥的作用，远不仅仅是在组织方面。

"五四运动，是中国现代社会发展之必然的产物，无论是功是罪，都不应该专归到哪几个人；可是蔡先生、适之和我，乃是当时在思想言论上负主要责任的人。"新文化运动的领军人物陈独秀曾在《蔡孑民先生逝世后感言》中这样评价五四新文化运动中的蔡元培，他也肯定了蔡元培在新文化运动中思想领域的地位。

---

① 傅斯年：《我所景仰的蔡先生之风格》，《蔡元培先生纪念集》，中华书局，1984 年版，第 81 页。
② 《蔡元培全集》第 3 卷，第 392 页。

蔡元培本人绝非学术思想上的外行，他不但热情支持新文化运动，他本身也是一个发声者。与陈独秀、胡适这些炙手可热的新文化运动人士不同，蔡元培对于新文化运动有自己独到的甚至更深刻的见解。

例如，新文化运动的舆论中有一种"科学主义"倾向，即把科学看成是万能的，乃至于认为科学不但能解决客观世界的问题，也能用于解决人生观问题。这一类的新文化人士推崇孔德的实证主义和詹姆斯的实用主义，把一切对"超验"问题的探讨都视为应该排除在学术研究之外的"玄学"。

而蔡元培则不能同意这种观点。蔡元培本人，应该说历来是提倡科学的，也热心地赞助一切科学事业，但是，他认为科学是有局限的，并不能解决人生的所有问题。他认为像存在、意识、绝对等"形而上"的问题是科学无能为力的，同时，他认为这一类问题并不是"科学主义"者宣称的"毫无意义"。

> 因为专治科学，太偏于概念，太偏于分析，太偏于机械的作用了。譬如人是何等灵变的东西？照单纯的科学家眼光：解剖起来，不过几根骨头，几堆筋肉。化分起来，不过几种原质。要是科学进步，一定可以制造生人，与现在制造机械一样。

虽然当时还没有今天所谓的"生物科学"、基因技术，但在百年前的蔡元培看来，从纯科学的角度来说，即使未来的某一天，随着科技的发达人类甚至可以复制出自身来。但他的远见在于，问题并不这么简单：

> 就是一人的生死，国家的存亡，世界的成毁，都是机

械作用，并没有自由的意志可以改变他的。抱了这种机械的人生观与世界观，不但对于自己竟无生趣，对于社会毫无爱情；就是对于所治的科学，也不过'依样画葫芦'，决没创造精神。

防这种流弊，就要求知识以外兼养感情，就是治科学以外，兼治美术。有了美术的兴趣，不但觉得人生很有意义，很有价值；就是治科学的时候，也一定添了勇敢活泼的精神。请诸君试验一试验。

以上是蔡元培在《美术与科学的关系》一文中的话。

蔡元培在《佛法与科学之比较研究》序中说，实证主义和实用主义"这两派哲学，都把玄学上的问题存而不论；把哲学作为现代科学的综合，并非再进一步，把科学所不能解决的问题，设法解决它。然而科学所不能解决的问题，如精神与物质空间是怎么一回事，绝对的真理有没有，是人人所切望有一个答案的"。

蔡元培一再坚持不应放弃对玄学的探讨，他又在《哲学与科学》一文中说，"人类求知的欲望，决不能以综合哲学与实证哲学为满足，必要侵入玄学的范围"。"大学是包容各种学问的机关，我们固然要研究各种科学；但不能就此满足，所以研究融贯科学的哲学；但也不能就此满足，所以又研究根据科学而又超绝科学的玄学。"他强调，"各科学哲理与综合各种科学，尚介乎科学与哲学之间，惟玄学始超乎科学之上"。

这实质上反映了蔡元培思想中深切的人文主义倾向，这也是他与陈独秀、胡适等新文化人士一个很大的不同。

如果简单分析来看，新文化运动者们的一个逻辑是，要通过新的文化、思想来教育民众，在中国实现现代政治运作，维护共和政体，要使中国人增强科学意识，从而建设强大的国家。他们的观点是，辛亥革命之所以遭到挫败，是因为中国的国民头脑中还缺乏民主共和的意识，"中国革命是以种族思想争来的，不是以共和思想争来的；所以皇帝虽退位，而人人脑中的皇帝尚未退位"，因此，"要巩固共和，非先将国民脑子里所有反对共和的旧思想，一一洗刷干净不可"。这种观点无疑是深刻的，它认为满清的登台，是排满民族主义的胜利，而并不是民主共和对于封建皇权的胜利。

但这种观点的提出，仍可以说是基于一种"救亡图存"式的实用主义逻辑。国家的领导人固然关注列强何以在军事上、国力上强大，文化人理所当然地认为是这些列强有着强大文化做后盾，一个国家、一个民族的振兴，当然是一个系统化的问题，而不可能是单方面的问题，故应对中国做思想文化上的革新。

蔡元培则认为，不应把思想文化的改造仅当做一种富民强国的手段，而应以之为一种目的，以及人的一种精神需要。也就是说，他的目光更注视人的终极精神追求和人性的终极关怀。在他看来，文化和思想是人的一种内在要求，是人格完善和人性升华的途径和标志。所以蔡元培一再强调教育的目的是培养人格，"是帮助被教育的人，给他能发展自己的能力，完善他的人格，于人类文化上能尽一分子的责任"。

对于蔡元培的观点，我们也可以这样理解，相对于胡适、陈独秀等人关注国家、民族的振兴，蔡元培则更注重社会中每个个体的人格健全、精神建设，而这既事关个人的心灵层面的解放以及个人的福祉，又关系到社会的稳定有序。

也因此，蔡元培对当时一些新文化人士的言行，认为是浮躁、急功近利，乃至于空谈、言行不一。

放到今天来讲，人们可以穿时尚的衣着、享受高科技的生活方式，但道德、伦理、健康的精神和世界观，却更是一个社会得以永继、和谐的永恒主题。在那样一个民族存亡、病急乱投药的年代，蔡元培能以一份独有的冷静，去关注人的伦理问题、关注人在深层次的精神层面，这是十分难得的。

在新文化运动中，蔡元培反对定孔教为国教，但这并不意味着蔡元培反对儒家文化本身。蔡元培也同样反对基督教运动，他并不认为基督教更高明，并由此带来了西方社会的高度发达、国富力强。

蔡元培认为今天西方社会的进步，并非得益于基督教信仰的力量，"仍由于教育普及，科学发达，法律完备。人人于因果律知之甚明，何者行之而有利，何者行之而有害，辨别之甚析，故多数人率循正轨耳，于宗教何与？"蔡元培还认为基督教"都是拘泥着陈腐主义，用诡诞的仪式，夸张的宣传，引起无知识人盲从的信仰，来维持传教人的生活。这完全是用外力侵入个人的精神界，可算是侵犯人权的"。

他对孔教问题的态度是，孔子并非宗教家，"自广义的宗教而言之（信仰心），必有形而上之人生观及世界观。而孔子无之，其所言者，皆伦理学、教育学、政治学之范围。""自狭义的宗教言之，必有神秘思想，而孔子又无之"，因此"所谓'以孔教为国教'者，实不可通之语"。我们知道孔子有句名言："神鬼之事，吾也难明"。孔子本人对于超乎人以外的事情是避而不谈的，这是蔡元培认为孔教不足以定为宗教的缘由。

依照这个逻辑，蔡元培声言，"我的意思，是绝对的不愿以宗教渗入教育的"。

在中西文化这个全局性的命题上，蔡元培与陈独秀、胡适等人的态度也有明显的分野。

对于后者来说，中国传统文化与西方文化是截然不同、格格不入的。他们认为，中国的传统文化是与"旧""落后""愚昧"联系在一起的，而西方文化则是与"新""现代""进步"联系在一起的。

蔡元培则绝不认为中西文化可以以"新""旧"论，或者二者是截然对立的关系。在他看来，人类既然有共同的经验，就会形成普遍的认知，所以中西文化仅仅是进步迟速的差异。他更说道，"其实照懂得欧洲也懂得中国的人看来，中国和欧洲，只表面上有不同的地方，而文明的根本是差不多的。倘再加留意，并可以察出两方文明进步的程序，也是互相仿佛的。至于这方面的进步较速，那方较迟，是因为环境不同等等的缘故"①。

他认为，中国的传统文化与西方文化并非格格不入，"我们既然认旧的亦是文明，要在他里面寻出与现代科学精神不相冲突的，非不可能"②。

蔡元培的这些观点，倒颇符合今天的文化人类学尤其是比较人类学的一种理念，那就是，文明、文化本身其实难以用优劣、高下来区分，而且，经过不同文明的对比就能发现，构成每种文明的一些必要要素，例如伦理、社会成员的行为规范、信仰等，在每一种文明中都是不可或缺的要件。

三 邀爱因斯坦

担任校长的蔡元培时时关注国内外学界的最新动态，他积

---

① 《中国的文艺中兴》，《蔡元培全集》第 4 卷，第 340 页。
② 《杜威六十岁生日晚餐会常说词》，《蔡元培全集》第 3 卷，第 350 页。

极邀请中外的著名学者来北大访问、演讲，进行学术交流，大开国外著名学者来校讲学的风气。

国内的知名学者，如梁启超、章太炎等曾受北大之邀来校做学术演讲。国外方面，应邀来北大讲学或演讲的有美国著名哲学家、实用主义的集大成者杜威，美国节育运动创始人山格夫人，英国著名哲学家、历史学家罗素，印度著名诗人、哲学家泰戈尔，德国哲学家杜里舒，"中学西播"的著名学者理查德·威廉（中文名：卫礼贤），以及来自法国、日本、苏联等国家的有影响力的学者。

蔡元培当年对著名科学家爱因斯坦的盛邀是其中令人感慨的一例。

1905年9月，犹太裔物理学家阿尔伯特·爱因斯坦在德国《物理学年鉴》发表了一篇论文，叫《论动体的电动力学》。这就是著名的"狭义相对论"。它摧毁了"牛顿世界观的旧体制"，被称为"革命的物理新说"。

这时中国的学术界对此还一无所知，相对论初现中国，与蔡元培的一次演讲有关。1917年年初，蔡元培就宗教信仰问题发表演讲，演说词发表于《中华新报》，里面讲到一个观点：科学不能解决有关时间、空间的问题，这些要靠哲学来解决。

在日本留学的中国年轻学者许崇清①看到蔡元培的演说后，1917年9月在留学生刊物《学艺》上发文反驳，"方今自然科学界关于时空（即宇与宙）之研究，则有爱（因）斯坦于1905年发表之'对性原理'（即后来人称的相对论）"。在文中，许

---

① 许崇清（1888—1969），别号志澄，祖籍广东澄海岐山沟南，三次出任中大校长，曾任广东省副省长，是我国著名的教育家和教育哲学家，被公认为"新教育学和新中国高等教育的奠基人之一"。

崇清简略地介绍了爱因斯坦狭义相对论的一些基本假设和概念术语。这篇回应蔡元培的文章，使许崇清意外地成为中国介绍爱因斯坦狭义相对论的第一人。

　　看到许崇清的反驳文章，蔡元培认为言之成理，对"相对论"的理论萌发了很大兴趣。蔡元培很欣赏这个年轻人，在许崇清 1920 年 8 月回国后，马上邀请其到北大任教。同时，蔡元培不禁萌发了邀请爱因斯坦来北大访问的想法。

　　1920 年 8 月底，前教育部次长袁希涛访德时，注意到爱因斯坦的一些动向，电告蔡元培，"爱（因）斯坦博士有离德意志，或能来远东"，并询问北大是否愿意接待这位伟大的物理学家。蔡元培立刻复电："甚欢迎，惟条件如何？请函告。"袁希涛遂于 9 月 11 日向爱因斯坦转达蔡元培的这一邀请。当时爱因斯坦产生过离开德国的念头，但仍下不了决心，因此并未接受蔡元培的这一邀请。

　　蔡元培第二次邀请爱因斯坦访华，是他赴德考察期间。1921 年 3 月，蔡元培以北大校长的身份赴欧美考察，并把邀请欧美学术界专家名人来中国任教或讲学作为一项重要公务。在他列出的邀请名单上，爱因斯坦赫然在列。3 月 16 日，蔡元培抵达柏林的第三天，专程拜访爱因斯坦，当面邀请其到中国讲学。爱因斯坦表示，他当年不能去亚洲，一来因他已答应美方的讲学要求，二来他还要在美国为耶路撒冷的犹太大学筹款。蔡元培仍不肯放弃希望，他恳切地说，从美国前往中国非常方便，"何不乘此一行"？爱因斯坦仍婉言拒绝，他说，因担任着柏林威廉皇帝物理研究所所长的职务，德国方面不希望他离开柏林太久。但他表示，"很愿意在稍迟一些访问中国"，还询问在中国应该用何种语言演讲。

这次拜访，蔡元培感受到爱因斯坦对中国的友好和访华意愿，于是坚定了邀请其来中国讲学的信心。一年后，宝贵的机会再次到来了。

1922年3月，蔡元培接到中国驻德公使魏宸组的电报称："日本政府拟请爱因斯坦博士于秋间往东京讲演，该博士愿同时来华讲演半月，问条件如何？"蔡元培显得十分激动，当即复电："电诵悉。爱因斯坦博士来华讲演，甚欢迎。各校担任中国境内旅费，并致送酬金每月千元，祈转达。"蔡元培明知爱因斯坦讲学两周，却开出以月计的酬金，在他的内心里，希望爱因斯坦在中国停留得更长一些。

这封第三次邀请爱因斯坦访华的信函，于4月8日到达柏林，并由中国驻德公使转交给爱因斯坦。1922年6月下旬，蔡元培收到从中国驻德使馆转来的爱因斯坦于5月3日发出的信。爱因斯坦在信中表示，访日结束后，"深愿于本年冬季至贵国北京大学宣讲，其时以两星期为限"，同时提出酬金问题："关于酬金一层，本可遵照来函所开各条办理，惟近接美洲各大学来函，所开各款，为数均在贵国之上。若对于来函所开各款，不加修改，恐有不便之处。"大概考虑到夫人随行等因素，爱因斯坦提出两项具体条件："第一，一千华币改为一千美金；第二，东京至北京及北京至香港的旅费，暨北京饭店开销，均请按两人合计。"蔡元培认为，最重要的是爱因斯坦能来北大讲学，酬金问题可以慢慢想办法，马上电告驻德公使："条件照办，请代订定。"

8 月底，蔡元培收到驻德公使转来的爱因斯坦的答复："拟于新年前后到北京。"获悉爱因斯坦承诺访问中国，国内知识界十分兴奋，而最欣喜的人莫过于蔡元培。蔡元培动员各方筹集资金，组织力量大张旗鼓地宣传爱因斯坦和相对论，约请国内众多学术团体联名给爱因斯坦写欢迎信，做了大量前期准备工作。

当时北大财政拮据，爱因斯坦一千元美金的开价是个天文数字。北大原提出的酬金一千元华币，已相当于当时大学教授月薪的三倍以上，现在换成美金，蔡元培确实感到"真不知往何处筹措"。7 月初，蔡元培赶赴山东，向出席中华教育改进社年会的梁启超说明有关情况。梁启超当即答应他自己的讲学社"必任经费一部分"。在多方支持下，酬金有了着落，蔡元培松了一口气。

解决酬金问题后，蔡元培利用北大阵地组织宣传爱因斯坦和相对论，营造了浓厚的氛围。在 11 月 14 日的《北京大学日刊》上，蔡元培发表了《爱（因）斯坦（Einstein）博士来华之准备》的文告宣布：经多次联系，爱因斯坦将于新年初来北大讲学。

从 11 月下旬到 12 月中旬，国内一流的七位学者在北大举办了一系列公开学术演讲，主题涉及经典力学、狭义和广义相对论、爱因斯坦之生平以及相对论的哲学意义等。11 月中下旬，《申报》以"星期增刊"的形式先后发表两篇介绍相对论的文章，"以与国人共相研究"。《解放与改造》《少年中国》和《东方杂志》等也先后出版了"相对论号"。

与此同时，这年秋天，爱因斯坦在接受日本改造社的邀请，到神户庆应义塾大学和东京帝国大学讲学途中，于11月13日顺道前来上海，作了短暂的停留。第二天凌晨，爱因斯坦夫妇仍乘原船前往日本神户。这期间，国内各大学、学术团体纷纷筹集资金，等待爱因斯坦正式访华。蔡元培为了表示慎重，特邀集了各学术团体给爱因斯坦写了邀请信。

为表示慎重和更好地体现对爱因斯坦的诚意，蔡元培又忙着收集各方签名，起草致爱因斯坦的欢迎信。12月8日，也就是爱因斯坦离开上海前往日本讲学的三周后，蔡元培发出了这封用德语写的欢迎信：

> 尊敬的爱（因）斯坦教授先生：
>
> 您在日本的旅行及工作正在此间受到极大的关注，整个中国正准备张开双臂欢迎您。
>
> 您无疑仍然记得我们通过驻柏林的中国公使与您达成的协议，我们正愉快地期待您履行此约。
>
> 如能惠告您抵华之日期，我们将非常高兴。我们将做好一切必需的安排，以尽可能减轻您此次访华之旅的辛劳。

万事俱备，只等主客。中国知识界，特别是蔡元培，静静地等待着这位科学泰斗到来。

就在大家兴致勃勃地等待爱因斯坦来华时，《申报》的一则报道打破了这种喜悦。

12月28日，《申报》以《爱因斯坦博士之来沪》为题，报道爱因斯坦将于31日从日本抵沪，在上海停留两天后，前往耶路撒冷视察新成立的犹太大学，旋赴西班牙。根本没有提到爱因斯坦前往北大讲学的事情。这令蔡元培十分惊奇。

1923年元旦前后，蔡元培收到爱因斯坦于12月22日发出的信。令他大失所望的是，爱因斯坦访华计划真的取消了。在信中，爱因斯坦十分真诚地解释了取消计划的原因：

校长先生：

虽然极愿意且有从前郑重的约言，而我现在不能到中国来，这于我是一种莫大的痛苦。我到日本以后，等了五个星期，不曾得到北京方面的消息。那时我推想，恐怕北京大学不打算践约了。

因此我想也不便同尊处奉询。还有，上海斐司德博士（Dr. Pfister）——像是受先生的全权委托——曾向我提出与我们从前的约定相抵触的留华的请求，我也因此揣测先生不坚决履行前约。因此种种关系，我将预备访视中国的时间也移在日本了，并且我的一切旅行计划也都依着"中止赴华"这个前提而规定。

今日接到尊函，我才知道是一种误解；但是我现在已经不能追改我的旅程。我今希望先生见谅，因为先生能够想见，倘使我现在能到北京，我的兴趣将如何之大。如今我切实希望，这种因误解而发生的延误，将来再有弥补的机会。

附白，夏（元瑮）教授的一封信中已提及先生此信，这信先到柏林，再到日本，在最近几天我才收到。

是什么原因使得爱因斯坦"失约"，没有在中国讲学，而使中国科学界失去一次绝佳的机会呢？从爱因斯坦1922年12月

22 日写给蔡元培的信来看，完全是一场误会。

爱因斯坦确实十分渴望"亲眼目睹东亚文明的发源地"，在此前的 12 月 17 日写给夏元瑮的信中，他说："北京如此之近，而予之宿愿，终不得偿，其怅怅之情，君当可想象也。"

爱因斯坦取消访华，确实是"因误解而发生的延误"，但是也不能排除这样的原因：当时中国给世界的印象是穷弱、混乱，爱因斯坦怀疑中方的履约能力，又严格遵循着"中止赴华"的旅行计划，再加上双方之间缺乏沟通，最终造成误解。

爱因斯坦与北京大学擦肩而过，令中国东道主们大失所望。

蔡元培看了这封信后，和许多学界人士一样，为失去这次绝佳的机会而十分失望。蔡元培并没有想到，这是由于双方没有签订合同，这才失去这样一次可贵的机会。作为西方人的爱因斯坦，一切以合同为准，没有合同无异于失去行动准则；而作为东方人的蔡元培往往以"信义"为重，"君子一言，驷马难追"，认为已经讲好了的事情，何须合同约束。中西文化的差异，导致中国科学界失去一次向爱因斯坦学习的机会，实在可惜。

蔡元培后来在 1923 年 1 月 4 日的《北京大学日刊》发表了《跋爱因斯坦来信》，并附其原信，对这件事向全校乃至全国作了解释。他在跋语中说：

> （此函）颇多不可解的地方，安斯坦博士是于今年初来华，早经彼与驻德使馆约定，本没有特别加约的必要。我们合各种团体致函欢迎，是表示郑重的意思。一方面候各团体电复，发函稍迟；一方面到日本后因他的行迹无定，寄到稍迟；我们哪里会想到他还在日本候我们的消息，才

定行止呢？函中说斐司德博士像是受我的全权委托，曾提出什么留华的请求云云，这是我并没有知道的事，读了很觉得诧异。但这都是以往的事，现在也不必去管他了。我们已有相对学说讲演会、研究会等组织，但愿一两年内，我国学者对于此种重要学说，竟有多少贡献，可以引起世界著名学者的注意。

他在文中提到，爱因斯坦的光临，"比什么鼎鼎大名的政治家、军事家重要几十百倍"，所以我们出了每月一千美元的酬金，没想到最后计划还是落空。

蔡元培还对师生说："当我们在科学上有所贡献，并引起世界关注的时候，我相信爱（因）斯坦会专程前来访问的。因此大家千万不要懊丧，而应该互相勉励。"

爱因斯坦作为一个世界级的科学家，兼具博大的人文情怀，他对中国人民有一种真挚的同情。在赴日讲学的往返途中，两次经过上海，共停留了三天。爱因斯坦对上海的印象是："极为喜欢，有许多惊异之闻见。此间理想之气候，澄清之空气，南方天空灿烂之星斗，皆使余之头脑得一难以消灭的印象。此种印象，余将永不忘之。"

他还在旅行日记中记下他的感慨，说中国人民"被残酷地虐待着，所受的待遇比牛马还不如"，因此，他认为近年发生在中国的革命事件（五四运动）是"特别可以理解的"。

爱因斯坦也一直想"将来再有弥补的机会"。由于世界政局动荡，他最终未能再踏上中国的国土，但他与蔡元培结下的友谊和对中国人民的友好、同情，一直在延续。

1931 年九一八事变发生，当时的国际社会表现出无奈和无所作为，而当年的 11 月 17 日，爱因斯坦在西方人士中率先公开谴责日本侵略东三省的行径，呼吁各国联合起来对日本进行经济制裁。

1932 年 10 月，"五四运动的总司令"陈独秀在上海被捕，爱因斯坦和罗素、杜威等联名致电蒋介石呼吁释放。

1936 年 11 月，主张抗日的沈钧儒、章乃器、邹韬奋、史良、李公朴、王造时、沙千里这"七君子"被捕入狱后，爱因斯坦等著名知识分子通电援救，向国民党当局施加道义压力。

1938 年 6 月，爱因斯坦还和罗斯福总统的长子一同发起"援助中国委员会"，在美国两千个城镇开展援华募捐活动。直到临终，爱因斯坦说过这样的话："20 世纪是中国的世纪，因为世界必将从重新认识中国开始，而重新认识中国则必先从重新认识中国哲学开始。"

北大的"功臣"和"功狗"

在一次北大建校的周年纪念会上，曾经主政北大的傅斯年发表演讲，他说，蒋梦麟先生学问比不上蔡孑民先生，办事却比蔡先生高明；而他自己学问比不上胡适，办事却比胡适高明。他笑着批评蔡、胡两位先生："这两位先生的办事，真不敢恭维。"听罢傅斯年上面这番善意的嘲讽，蒋梦麟笑言，"这话对极了，所以他们两位是北大的'功臣'，我们两个人不过是北大的'功狗'"。

这段对话见于北京大学原校长蒋梦麟的《忆孟真》（傅斯年字孟真）一文。

蒋梦麟（1886—1964）是蔡元培早期的学生，曾留美十年，

师从哲学家杜威，获得了教育学博士的学位。他曾任国民政府第一任教育部长、行政院秘书长。1919年，蔡元培离开北大，蒋梦麟成为北大实际的掌管者，1930年，他正式成为北大校长，直到1945年卸任。如果把蔡元培为北大制定的"兼容并包、学术自由"的办学方针当成一座灯塔，蒋梦麟就是驾驶着北大这艘巨轮，按其指定的方向前进的一个船长或者舵手。

蔡元培在任北大校长10年半，而实际在校主持事务前后不过5年半。凡蔡元培不在校时，总是由总务长蒋梦麟代理校务。除了三次代行校长职务外，蒋梦麟长期以北大总务长的身份，将主要精力用在协助蔡元培进行北大的体制改革，成为蔡元培治理北大的得力助手。

蔡元培正式辞去校长后，由蒋梦麟接任校长，主持北大17年，是北大任校长时间最长的。在蔡元培的主导下，蒋梦麟与胡适、陈独秀等人通力合作，共同保证北大在现代大学的轨道上疾驰。在他们的主持下，"学术自由、教授治校，以及无畏地追求真理"成为北大的三项治校准则。

蔡元培入主北大，提出"兼容并包，思想自由"的办学方针，而将蔡元培的办学思想、办学方针贯彻全校并身体力行者，乃是蒋梦麟，其后是胡适、傅斯年。

七次请辞——"不合作"主义

在任北大校长期间，蔡元培的政治态度发生了明显的变化。

这个时候，在中国推翻满清、建立共和的革命使命已经初步完成，蔡元培不再主张任何激烈的阶级斗争以及颠覆式的社会革命，转而赞成和平渐进式的改良。对于这时的国内政治纷争，蔡元培越来越不以党派的身份介入，而是选择以学者的身份发言。这表现出的是一种自由知识分子的倾向。

他的政治主张首先与孙中山为代表的国民党人有所区分，而绝非国民党人在北方的代表。

1916 年蔡元培从法国返回中国，时值"一战"期间，这时中国主政的北洋段祺瑞政府欲加入协约国对德宣战。但以孙中山为首的南方革命党人担心其借口参战而乘机发展个人势力、打击异己，对参战一事坚决反对。

蔡元培并没有因为自己的党派之见而站在孙中山一方。他认为，英、美、法与德国之间的战争是"强权与扶助""道德与不道德"的战争，中国应站在正义的协约国一方，而不应因党派间的政治斗争而意气用事。1917 年 3 月 3 日，他与国民党的反对派如梁启超、张群劢等人，以及其他著名学者一道发起成立了"国民外交后援会"，声援北京政府加入协约国一方，对德断交宣战。

1917 年 7 月，张勋复辟事件之后，段祺瑞控制的北京政府拒绝恢复中华民国国会和《临时约法》，随即孙中山在广州发动护法运动。段祺瑞本人的雄心也不小，他想继承袁世凯的愿望，依靠北洋的军事力量，用武力统一中国。这时他以北洋军力与孙中山领导的西南护法运动相抗衡。

　　在广州护法军政府与北洋政府的对峙中，蔡元培虽然在反对军阀统治、争取民主共和的立场上，与孙中山并无二致。但此时蔡元培并不赞成孙中山诉诸武力护法，他主张南北双方通过和谈实现国家统一。

　　1918 年 10 月 23 日，蔡元培与熊希龄、张謇、王宠惠等人发起成立"和平期成会"，以超党派面目通电全国，呼吁和平统一，减轻人民的战乱之苦。蔡元培还致信孙中山，建议其放弃政治斗争，而致力于实业和教育建设，"倘于实业、教育两方面确卓有成效，必足以博社会之信用，而立民治之基础。较之于议院占若干席、于国务院占若干员者，其成效当远胜也"。①

　　1922 年 5 月，直系军阀吴佩孚、曹锟控制北京的中央政府，由于吴佩孚在"五四"运动期间曾表态支持学生运动，反对当时的亲日派政府，颇得当时舆论好评，一时博得了"爱国军人""模范军人"的声誉。这时的蔡元培曾寄希望于吴佩孚等人领导中国走向统一。

　　1922 年 5 月 13 日，由知名学者胡适起草，经蔡元培、李大钊、王宠惠、罗文干、汤尔和等 16 人联合签署的题为《我们的政治主张》的提议在胡适主编的《努力》周刊第二期上发表。这篇文章提出了中国政治改革的基本要求："第一，我们要求一个'宪政的政府'；第二，我们要求一个'公开的政府'；第

---

① 《致孙中山函》，《蔡元培全集》第 3 卷，第 220 页。

三,我们要求一种'有计划的政治'。"这就是近代中国政治领域著名的"好人政府"主张。

蔡元培等人之所以提出"好人政府"主张,是因为在他们看来,中国的政治军阀混战、国无宁日,这全是因为好人自命清高、不愿参与政治,结果让坏人当道。主张中提出由知识分子中的"好人"组成"好人政府",努力改变政府腐败的现实。由这些人组成"好人政府",形成社会的重心、一点一滴地改造社会,创造出一个完美的"大我"。这样一来,不必开展打倒帝国主义和封建军阀的斗争中国就可富强起来。这种"好政府主义"体现的,实际上是自由的知识分子对于国家治理的一种美好的理想。

同时,蔡元培还反对孙中山的北伐主张,而是支持吴佩孚、曹锟提出的恢复旧国会、请黎元洪复职的倡议。这些主张激起南方国民党人如章太炎、张继等人的严厉批评。

但蔡元培也绝不是当权的北洋军阀政府的傀儡,他对北洋军阀政府的弊政进行了多次的"温和"抗争——采用的是一种典型的学人式的"不合作主义"手段。

从51岁出任北大校长到61岁最后卸任,蔡元培在任一共10年,但是,实际上在校视事的时间不足5年半,期间他曾七辞北大校长而未获允准。我们先看看这张辞职表:

1917年7月3日蔡元培第一次辞北大校长职;

1918年5月21日蔡元培第二次辞北大校长职;

1919年5月8日蔡元培第三次辞北大校长职;

1919年12月31日蔡元培第四次辞北大校长职;

1922年10月19日蔡元培第五次辞北大校长职;

1923年1月17日蔡元培第六次辞北大校长职;

1926 年 7 月 8 日蔡元培第七次辞北大校长职。

而这七次辞职，各有原因：

第一次辞职是因为张勋拥宣统废帝复辟，蔡元培离开北京到了天津，提出辞去北大校长一职。不过复辟闹剧只持续了 12 天，蔡元培于当月 23 日回到了北大。

第二次辞职是因为北大学生要到北洋政府请愿反对中日一个军事协定，蔡元培劝说不成，当天请求辞职。

第三次辞职是在"五四"运动期间，学生们游行到天安门时，北洋政府出动军警，抓捕了许多北大学生。蔡元培四处奔走、呼吁，要求释放被捕学生。5 月 7 日，被抓学生一被释放出来，蔡元培便公开通电引咎辞职。这一次，他是以辞职表示和北洋政府的"不合作"。但北洋政府坚不准辞，包括总统徐世昌在内也一再挽留，辞职不成。

第四次辞职是在 1919 年 12 月 31 日，北京的教职员们因为不满当时的教育部，全体停职罢教，他作为北大校长认为自己当然也应辞职。

第五次辞职的原因则是因为北大学生对讲义收费不满而闹事，即所谓的讲义风潮。蔡元培愤而辞职。最后，这次风潮由胡适在中间调停得以解决。

第六次辞职，缘于曾经在北大任教、时任财政总长的罗文干的冤案。本来，北洋政府的司法部门因查无证据将罗文干释放。不料，时任教育总长彭允彝公报私仇，在国务院会议上提案将罗文干再抓起来。蔡元培了解罗文干的人格和清白，为了抗议行政干预司法，不与违背法治的北洋政府同流合污，遂向总统和教育部提出辞职，并公开在《北京大学日刊》发表辞职声明，还写了一篇《关于不合作宣言》的文章，发表在上海

《申报》。这次辞职社会反响很大，各方声援的舆论强烈，最终导致彭允彝下台。总统黎元洪则出面挽留蔡元培。蔡元培虽辞职不成，此后不再到校视事，由蒋梦麟代理北大校长职务。而由于蔡元培的德高望重，北洋政府始终没有正式免他的职。

1926 年 6 月 28 日，蔡元培从欧洲回国第七次提出辞职，仍没有获准，加上北大师生和北京九个学校的恳切挽留，又没有辞成。一直到了 1927 年 7 月军阀张作霖取消北大改为京师大学校，他的校长名义才取消。

从 1916 年 12 月以来，10 年间，北洋政府的总统就换了 5 人、临时执政 1 人、摄政 2 人，内阁总理换了 30 次，而蔡元培一直是北大校长。蔡元培为什么一次又一次地辞去北大校长的职务？除了上面说到的具体原因，还有一个原因，就写在他的《关于不合作宣言》这篇文章里。这篇文章的开篇引用了《易经》的话，"小人知进而不知退"。蔡元培在人格上自认不是小人而是君子，所以他知"退"。

早在 1919 年春天华北欧美同学会在清华开会时，有人发言说，现在政府哪个部门能离得开留学生，如果留学生都辞职，政府当得起吗？蔡元培则站起来说，在黑暗恶劣的时局面前，知识分子要懂得进退，退有时候比不进重要，所以他提出了"不合作"三个字。为了表示自己的不合作，他一次次辞职，一方面是以告退的形式维护自己的人格自尊，一方面是抗议和示范。

陈独秀曾对蔡元培的"不合作"主义不以为然，他认为这是一种消极的态度。但同一时期的胡适的看法则相反。胡适认为，不合作也同样是积极的。

第四章　蔡元培与学生运动

为学子撑起一片天

作为师长的蔡元培对他学生的关爱是无以复加的。

1901 年秋，蔡元培来到上海就任南洋公学特科总教习一职，后来的民国名人如邵力子、李叔同、黄炎培等人都是蔡元培此时的学生。在此期间，南洋公学发生了一次学潮，事件的原委是，某守旧教师在上课前发现师座上有一只墨水瓶，认为是学生有意捉弄，结果校方将一位无辜的学生开除，进而引发其他学生抗议。校监汪凤藻毫不退让，将这些学生一并开除，最终导致全校大部分学生愤而退学。

特科班总教习蔡元培和其他几位老师支持学生的行动，随即辞职，并组织了"爱国学社"接收这些学生，还请章太炎、吴稚晖等新派知名学者担任学社教师。

此后，蔡元培在上海发起中国教育会，在 1905 年日俄战争期间，更是剪掉辫子、脱下长袍，与年轻学生一起搞军事训练。

引燃"五四"之火

"五四"运动开启了中国一个新的时代。

后来有评说"五四"运动是彻底地反对帝国主义和封建主义的爱国运动，是中国新民主主义的开端。这次运动波及中国此后的思想文化、政治发展方向、社会潮流，教育，不但对中国共产党的产生和发展起到了重要的作用，即使到今天，对中国社会亦有着不可低估之影响。

蔡元培就是最初"五四"运动的促生者。它的缘起是这样的：

第一次世界大战结束后，由于当时的北洋政府看准国际风向，加入了协约国，这时也俨然成了"战胜国"之一。1918 年 11 月 11 日，德国战败的消息传到北京，一时间，中国人沉浸在欢庆中，这并不仅仅是因为所谓的"公理战胜强权"，还有一个更其重要的原因，每个国人都期盼着中国作为战胜国的一员，能由此卸掉背负了半个多世纪的被列强各国强加给中国的种种不平等条约以及屈辱。

蔡元培和千千万万的中国人一样，这时沉浸在无比的欢欣之中。为了庆贺德国投降，当时的教育部特宣布各学校在 11 月 14 日至 16 日放假三天。蔡元培作为北大校长，积极带领北大师生参加在北京举行的庆贺活动。

他特地向北京政府的教育部借来天安门露天讲台，组织北大教员向各界民众演讲，宣扬爱国主义。15 日，蔡元培亲自登台，作了题为《黑暗与光明的消长》的讲演，他赞扬协约国的胜利是"正义"战胜"阴谋"，"平民主义"战胜"武断主义"，

"大同主义"战胜"黑暗的种族偏见"。他同时还号召国内的军阀武人们顺应世界潮流，"快快抛弃了这种黑暗主义，向光明方面去呵！"16日，蔡元培又发表了著名的《劳工神圣》演说，宣告说，"此后的世界，全是劳工的世界"。

此后，蔡元培又再次组织北大师生在中央公园（今中山公园）举行演讲大会，并且，他要求北大的学生务必全体参加。他说，国家的命运与世界的命运休戚相关、学校的命运和国家的命运休戚相关、学生的命运与学校的命运休戚相关，"向使德国竟占胜利，而军国主义横行世界，则我国之命运将如何，其影响于我校者如何，影响于诸生者如何。诸生试以数月前全体赴总统府事，比例而推想之，恐有什百倍于曩日之恐慌者"。

蔡元培还更进一步说，凡是故意不参加演讲会的学生，"此其人即不屑以世界眼光、国家观念等绳之，而第即其对于本校及本班之无情，亦必为同班诸生所不齿。……苟有规避不到者，请本班同学自检之，然后施以相当之惩戒。同班诸生，决不恕此无情之同学，而为之容隐，此本校职员所深信不疑也"！

蔡元培的这几番话把对国事的关心上升到了人格优劣的高度，而且意气慷慨溢于言表。年轻的学子们本来就热血沸腾，被他们的蔡校长这么一鼓动，一时间家国天下的政治热情就高不可遏。胡适后来在1935年的《纪念五四》一文中有言，正是由于蔡元培的激情，使北大人从那天起"就走上了干涉政治的路子，蔡先生带着我们都不能脱离政治的努力了"。

接下来的政治局势发生了陡然变化，把学人们的激情完全推向了另一个方向。

1919年1月18日，作为战胜国的协约各成员国美、英、法、意、日等国，开始在法国巴黎的凡尔赛宫召开处理"一战"

善后问题的"巴黎和会"。中国作为协约国的一员，派顾维钧、王正廷等为外交代表与会。到了 4 月 30 日，在"巴黎和会"上，英、法、美等国置中国的利益于不顾，屈服于日本压力，竟在"巴黎和会"上决议将战败国德国原在中国山东的特权全部转让给日本。这对于包括蔡元培在内的广大中国人无疑是一个晴天霹雳，尤其是对"巴黎和会"抱有很高期望的中国知识阶层，所谓"公理战胜强权"的幻想完全被浇灭。

蔡元培是国内最先知道这一消息的人之一。5 月 3 日，时任北京徐世昌政府外交委员会委员长的汪大燮焦急地乘马车找到蔡元培，透露说北京政府准备发出电报，密令中国代表在巴黎和约上签字，要蔡元培想想办法。得知内情的蔡元培在经过了一番焦灼的思考后，将罗家伦、傅斯年等北大学生代表请到家中，告知了此事。此时的蔡元培认为，只有借助爱国青年学生的力量，才能影响北洋政府的政策，改变国是。

从蔡元培口中听到这个消息，大家一时沸腾了。原本，北大学生们决定在"五七"国耻日进行游行，这样一来，游行马上被提前到次日，也就是 5 月 4 日，由此爆发了中国近代中上著名的"五四"运动。

"五四"运动爆发后，当时的北洋政府面临着极为尴尬的境界，一方面不得不承认学生的爱国热情，称他们"纯本天良"，另一方面又想控制学生，把运动平息下去。在发生了火烧赵家楼等事件后，军警奉令当天捕去学生代表 32 人。面对各地学生对政府行政机关的持续围攻，北洋政府颁布严禁抗议公告，大总统徐世昌下令镇压。

蔡元培后来曾谈到了他对于"五四"学生运动的看法，"学校当局的看法是，如果学生的行为不超出公民身份的范围，如果学生的行为怀有良好的爱国主义信念，那么学生是无可指责的。学校当局对此应正确判断，不应干预学生运动，也不应把干预学生运动看成是自己对学生的责任"。

在这一事件上，蔡元培显然是支持青年学生这一爱国运动的。

5月4日当日，北洋政府的教育部曾发了183号训令，要求身为北大校长的蔡元培"严尽管理的责"，对不遵守法纪，参加示威游行的学生"应即予开除"。蔡元培置之不理。

当晚，北大学生在北大的三院礼堂开会，商讨营救被捕学生的办法，蔡元培亲临会场，向大家表示，一定要负责把被捕的32名同学保释出来。散会后，蔡元培即拜访与北洋政府关系密切的故交孙宝琦，为了说服孙宝琦，蔡元培坐在会客室，"从下午9时左右起，一直过了12时以后不走"。

此后，蔡元培又与北京其他12所大专院校的校长在北大开会，商讨营救措施，成立了以蔡元培为首的校长团，负责与政府交涉。蔡元培当场表示：为使学生出监狱，他愿意"以一人抵罪"。随后，蔡元培率校长团到北洋政府的警察部门与警察总监吴炳湘会谈，保释被捕学生。

5月7日，蔡元培亲自率领北大的师生在汉花园的红楼前迎接被捕学生归来，并向大家讲话，表示深切的慰问。被捕学生之一的许德珩后来回忆，"当我们出狱由同学们伴同走进沙滩广场时，蔡先生那样的沉毅而慈祥，他含着眼泪强作笑容，勉励我们，安慰我们，给我们留下了极为深刻的印象"。

此时北洋政府内一些力主镇压学生运动的政客则对蔡元培恨之入骨，将蔡元培看成是学生运动的"罪魁祸首"，认为"此事为北大学生所主持，北大学生系受蔡子民之嗾使"，准备撤除蔡元培的北大校长职务。社会上甚至传出北洋政府内有人要重金雇人刺杀蔡元培的说法。

杀君马者道旁儿

"五四"运动爆发后，担任北大校长的蔡元培不遗余力地营救被北洋政府抓走的学生。但当 5 月 8 日被捕学生全部释放回校后，蔡元培却于第二天向大总统徐世昌和教育总长傅增湘递交辞呈，次日清晨悄然出京。蔡元培留给北大师生的便条上写道："吾倦矣！'杀君马者道旁儿也'。'民亦劳止，汔可小休'。吾欲小休矣。"这让各方人等都颇感诧异。

"杀君马者道旁儿"这个典故出自《风俗通》，意思是说，一匹好马跑得很快，结果围观的人，也就是"道旁儿"，不停地鼓掌喝彩，导致骑者在喝彩声中不停驱驰马匹，以至于马越跑越快，最终累死了。

蔡元培自喻为马毫无疑义，然而"道旁儿"是指谁？蔡元培后来向外界说明，他的出走只是不满当时的政府。然而从蔡元培后来的言行来看，"道旁儿"亦兼指当时的学生。那么，为什么蔡元培要把当时学生运动中的学生比作"道旁儿"，乃至于"倦矣"呢？这和蔡元培对学生运动的看法有关，他反对青年学生过分沉溺在政治浪潮中。

在"二次革命"以后，蔡元培对改造中国的理念已经渐渐地从革命转向了改良，这时的他对孙中山以"护法"为旗帜另立南方政权之举就不以为然，他的一些言行甚至一度引起了国民党内的非议。

上任北大校长后，蔡元培主张"大学学生，当以研究学术为天责，不当以大学为升官发财之阶梯"。他在给汪精卫的信函中也曾说："在弟观察，吾人苟切实从教育着手，未尝不可使吾国转危为安。而在国外经营之教育，又似不及在国内之切实。弟之所以迟迟不进京欲不任大学校长，而卒于任之者，亦以此。"

由此可见，蔡元培提倡"教育救国"的理念，希望学生专注于学问。当然，对于学生参与政治运动，蔡元培没有持完全否定的态度，一开始，他的态度甚至是积极支持的。

但在"五四"之后，蔡元培对各地学生竞相投身爱国运动的现状甚为担忧，他反复重申："救国之道，非止一端，根本要图，还在学术。"但由于国内外局势的压迫和不断恶化，他的话显然不入学生之耳，甚至与学生几成对立之势。

蔡元培也在各种反对势力的压力下发表辞职声明，大意为：一、我绝对不能再作那政府任命的校长；二、思想自由是世界大学的通例，我绝对不能再做不自由的大学校长；三、北京是个臭虫窠，我绝对不能再到北京的学校任校长。临走前，他留下那张字条："吾倦矣！'杀君马者道旁儿也'。'民亦劳止，汔可小休'。吾欲小休矣。北京大学校长一职，已正式辞去，其他有关系之各学校、各集会，自五月九日，一切脱离关系。特此声明，惟知我者谅之。"

事隔多年后，蔡元培写的回忆文章《我在北京大学的经历》，把当年辞职的原因做了清晰的梳理："……但被拘的虽已保释，而学生尚抱再接再厉的决心，政府亦且持不做不休的态度。都中宣传政府将明令免我职而以马其昶君任北大校长，我恐若因此增加学生对于政府的纠纷，我个人且将有运动学生保持地位之嫌疑，不可以不速去。"①

北京的风潮非但没有因为蔡元培的辞职而平息，反而引发了一场更大规模的"挽留蔡校长"运动，以至于教育部新任命的校长无法到校。在这种情况下，蔡元培于当年 7 月回北大复职。

在南下途中，蔡元培给北大学生写信，他肯定了学生们的行动，认为此举"纯出于爱国之热诚"。但在返回北大后，蔡元培开始尽可能地劝告学生应以"学术救国"为重，不可常为救国运动而牺牲。他说：

> 吾国人口号四万万，当此教育无能、科学无能时代，得受普通教育者，百分之几；得受纯粹科学教育者，万分之几。诸君以环境之适宜，而有受教育之机会，且有受纯粹科学之机会，所以树吾国新文化之基础；而参加于世界学术之林者，皆将有赖于诸君。诸君之责任，何等重大，今乃为参加大多数国民政治运动之故，而绝对牺牲之乎？诸君唤醒国民之任务，至矣，尽矣，无以复加矣！②

这段话反映了蔡元培当时的矛盾心理。

确实，在"五四"之前蔡元培是支持学生运动的。在当时他认为，政府在国难面前无所作为或者不可信任，所以需要学生奋起、有所作为，正如他事后说的，"五四运动是社会的各方面酝酿出来的。政治太腐败，社会太龌龊，学生天良未泯，便

---

① 《我在北京大学的经历》，《蔡元培美学文选》，北京大学出版社，1983 年，第 202 页。

② 《告北大学生暨全国学生书》，《蔡元培全集》第 2 卷，第 312 页。

不答应这种腐败的政治，龌龊的社会，蓄之已久，迸发一朝，于是乎有五四运动"。①

但作为一校之长，蔡元培先生曾亲身经历清末到民国初的数起学生风潮，他深知其中的危害。

1922 年 10 月 25 日下午 4 时，因北大学生讲义潮而辞职的蔡元培在回校复职后，在师生大会上发表演说："我这一回的辞职，有多数的人都说我'小题大做'。但是我对于十八日的暴举，实在看得很重大。……我还记得二十年前革命主义宣传最盛的时候，学生都怀着革命的思想，跃跃欲试，就在学校里面试验起来。……他的导火线都很简单，大半为记分不公平或饭菜不好等小问题，反对一个教员或一个庶务员，后来迁于全体教职员，闹到散学。……现在政治上的失望与改革的热诚，激动人的神经，又与二三十年前差不多了。学生在学校里面要试验革命的手段又有点开端了。我希望有知识的大学生，狠要细心检点。"②

1928 年后，蔡元培开始专任中央研究院院长，基本上与民国的教育行政系统脱离直接关系，但在 1931 年"九一八"事变后，国民党中央政治会议决定设立"特种教育委员会"，并由蔡元培出任委员长，这使得 60 岁的蔡元培再次被推到了学生运动的风口浪尖。

1931 年 12 月 14 日，蔡元培在国府做报告时称，国难期间，学生之爱国运动决不能荒废学业，"因爱国而牺牲学业，则损失的重大，几乎与丧失国土相等"。

---

① 《对于学生的希望》，原载长沙《大公报》1920 年 10 月 30 日及 11 月 2、5、6 日。

② 《北大十月二十五日大会词》，《蔡元培全集》第 3 卷，第 272 页。

蔡元培做这个报告的第二天，北方各大学南下的示威学生与南京本地学生五六百人便来到中央党部门前示威请愿，学生们群情激奋，局势几近失控。蔡元培和陈铭枢这时被派出来接见学生，但令人震惊、不可思议的事情发生了，蔡元培先生还没说上两句话，即被学生拖下殴打，陈铭枢也被学生用木棍猛击头部，当场昏厥。

时任国民党中央宣传委员会主任委员邵元冲在日记中称：当时里面正在开中央临时常会，蒋介石提出辞职，获得通过。就在此时，学生"夺门而入，逢人即殴，遇物即毁，并劫去守卫枪支，欲加放射，中央工作人员以忍不与较，受伤颇多。常会乃推蔡子民、陈真如两君前往答复，即为暴徒攒殴，并将蔡拽去，中途始释，陈亦受伤倒地。……当时中央工作人员以自卫计，不能再忍，乃截捕暴徒十一人，……嗣右任、稚晖不予深究，乃稍加训导，遣之归去"。

一个为人尊敬的教育界元老、一个国民上将，被学生如此暴烈的行动对待，这时的蒋介石在日记中愤恨地说："学生之横狂如此，而先辈诸书生，犹主宽柔纵容，将使全国秩序不定，陷于无政府态度矣！"他已经开始露出杀机了。

事后蔡元培对新闻界发表谈话说，他理解学生忧患国难的情绪，但对于"学风沦落"的现状深表忧虑。12月17日，事态非但未平息反而进一步扩大化，南京、北平、上海等地的学生数千人于当天举行联合大示威，再次包围国民党中央党部，并将悬于大门口的党徽、岗亭布告栏等砸毁，下午又将《中央日报》报社捣毁并放火焚烧。由此，国民政府出动大批警察及宪兵进行镇压，并在珍珠桥附近打死打伤学生30余人，逮捕近百人，史称"珍珠桥惨案"。

蔡元培并不是第一个挨学生打的国民党"中央大员"。早在9月28日，南京、上海两千多名学生到国民党中央党部请愿时，因为当时天上下着倾盆大雨，交涉又没有得到使学生们满意的结果，于是，学生们转到民国外交部，闯入部长王正廷的办公室，王正廷未及应答之时，已经被学生打了两个愤怒的耳光。事后第三天，王正廷即辞去外交部长一职。多年后王正廷回忆说："我在外交生涯中，有一桩最得意的事，也有一桩最倒霉的事。最得意的是拒绝在巴黎和会上签字，受到全国人民的高度赞扬，自己也感到扬眉吐气。最倒霉的是'九一八'事变后代人受过，被请愿学生打了两记耳光。"与此同时，施肇基大使也在巴黎遭到了同样的待遇，他在被学生代表打伤并受侮辱后愤而辞职，同时辞职的还有代理外交部长顾维钧。

梁漱溟曾在1940年写的《纪念蔡元培先生》一文中评价说，"蔡先生一生的成就不在学术，不在事功，而只在开出一种风气，酿成一大潮流，影响到全国，收果于后世"。梁漱溟所提到的蔡元培所开的"风气"，包含有"自由之精神、独立之人格"的意思。但在后来的蔡元培看来，"自由"过了头，动辄革命或运动，这就不是"爱国"而要"误事误国"了，这恐怕是蔡元培没有完全预料到的。

第三篇 党国元老的本色

第一章 党国政坛上的蔡元培

回归党国政坛

蔡元培绝不仅是让人如沐春风式的师长，也不是一个书斋里的学问家，那只是他多面人生中的一个侧面。蔡元培还是清末民初一位在政界具有影响力的政治家，走进蔡元培的世界，不得不再次重提他的这个侧面。

我们只要看一看蔡元培曾经的履历，光复会会长、同盟会上海分会会长、国民政府的中央委员、第一任监察院院长、代理司法部长，就可略见端倪。当然，这绝不是说，蔡元培是一个热衷于政治的人。

是的，名列革命家、政治家、教育家的蔡元培，到底哪一个才是他的真身？归根结底还是在教育上。而蔡元培的多重身份，给他施展教育领域的抱负、深远影响中国的教育事业提供了很大的便利。在那样一个岁月里，如果没有蔡元培这样既有学养，又有一定社会活动能力的革命家，更有其对知识和思想的深深体知，则学人将无以安身立命，中国的文化史或将要大大的改写了。

1923 年 1 月 19 日，蔡元培发表《辞北大校长职声明》，后于 7 月 20 日，携夫人周峻、女威廉、子柏龄从上海乘轮船再度赴欧游学，直至 1926 年初。

这期间，国内的政治形势风起云涌。先是 1925 年 3 月 12 日，孙中山逝世。

4 月 12 日，旅英各界华人在驻英中国使馆举行追悼大会，蔡元培亲致悼词，他说：

> 现在，孙先生的体魄，我们就是有法保存，也无法候他活动了。然而，他的精神，还是活现在我们的精神上。我们大家若是都能本着他卓越的政见，而师法他的毅力，为不断的奋斗；师法他的度量，为无涯的容纳；将来终有一日，把孙先生所提出的三民主义完全实现。那就我们现在的追悼会，也未尝不可算是孙先生复活节了。我们还当于极沉痛的聚会中，提出极严重的责任心，才能不辜负孙先生呵！①

像民初的很多政治家一样，蔡元培也是一个优秀的演讲家。这一番话，在场的人无不动容。

随后，抗议日本资本家和英国巡捕枪杀中国工人的"五卅"运动爆发。蔡元培致电北大及全国各社会团体声援，并敦促政府"宣告列强，指明此次冲突，实为外国行政机关及其他不平等制度在华不能相安之铁证，应即废止，应特派全权专使另订平等新约，并对此役牺牲者有相当赔偿"。② 他不断发声，号召

---

① 《在伦敦举行的孙中山追悼会致词》，《蔡元培全集》第 5 卷，第 16—17 页。
② 《致北京大学并全国各团体电》，《蔡元培全集》第 5 卷，第 26—27 页。

当局废除不平等条约。

1926 年，到了广东的国民革命军大举誓师北伐的前夜。

国内的政治形势转折之日，往往就是蔡元培慨然贲张、投身其中之时。这时的蔡元培，应北大及教育部一再电促，遂自欧洲返回上海。

回上海第二天，蔡元培就公开向报界发表谈话。他说，国内军阀混战"殊非国家、人民之福……军阀均是一丘之貉，盛衰起伏，罔民则同。故余深冀今后之政客学者，能幡然悔悟，即不能积极造成真正为国为民之军队，以扫荡恶势力，亦当消极的不予军阀助力。矫除利用军阀之心理，其无形成造福于民不少也"。①

6 月 28 日，蔡元培向北京北洋军阀的国务院和教育部辞北大校长职，以示再不与军阀合作之意。在蔡元培看来，北洋的当权者已远远脱离了孙中山的路线，越来越成为全中国的共敌。他要支持的，是国民党领导下广东的国民革命军统一中国的事业。他要做一个身先士卒的坚定的国民党人。

为配合北伐战争，蔡元培与褚辅成，沈钧儒、谢世英、黄炎培一起积极策动江苏、浙江、安徽三省自治，以抵御这一区域的直系军阀孙传芳的势力，蔡元培并被选为三省联合会的委员。

1926 年 11 月 28 日，三省联合会与上海总工会、商会总会、学联等各界 400 余社会团体召开"上海市民反对奉军南下"大会，蔡元培在会上登台演讲，号召上海市民组织起"人民政府"。随后他利用各种机会，积极制造社会舆论策应北伐。

此外，蔡元培积极参与了国民党人筹组浙江省临时政府的

---

① 《与〈国闻周报〉记者的谈话》，《蔡元培全集》第 5 卷，第 58 页。

活动。

在 1926 年 12 月南昌举行的国民党中央政治会议上，蔡元培被举为临时政府政务委员会的委员以及代理主席，并在 1927 年 2 月北伐军打下杭州后，转赴杭州。他在给蒋介石的一封信中写道，虽然自己对政治问题毫无经验，但"两奉手书，并委任状，承委以浙江政治会议委员及政委委员职，并于张静江先生回浙以前，代理政治会议主席，为国为党，义不容辞。"①

反共往事——蔡元培与"清党"

蔡元培的学生柳亚子（1887—1958）曾这样回忆"清党"运动中的蔡元培："先生一生和平敦厚，蔼然使人如坐春风，但在民国十六年上半年，却动了些火气，参加'清党运动'。一纸用中央监察委员会名义发表的通缉名单，真是洋洋大观，连我也受到影响。"

柳亚子说自己也受到"影响"，说得非常委婉。如果说直白一点，那就是蔡元培当年参与策划国民党内的密谋，清除共产党人士之时，柳亚子也赫然名列"清党"的黑名单。

中国近代史上著名的"四·一二"反革命政变成为后来人所熟知的一个大事件。在 1927 发生的这次反革命政变中，以蒋介石为首的国民党人对党内的共产党展开了一次极为血腥的大"清洗"，大批共产党人及"左倾"人士被捕杀，中共的组织活动顿时受到极大摧残，从此在中国的广大地区不得不转入长达十年的"地下"活动，直至抗战全面爆发。

---

① 《复蒋介石函》，《蔡元培全集》第 5 卷，第 102 页。

作为国民党人的蔡元培一开始的时候参与并"主持"了这场严酷的清党运动。那么，能够让大家眼中的儒厚长者蔡元培也卷进反共的大合唱，不仅成为主持人，帮蒋介石决策清党大计，乃至于要对自己的学生进行跨省捕杀，这到底是怎么回事？这要从蔡元培对当时孙中山制定的"联俄、联工、扶助工农"政策的看法说起。

虽然蔡元培当时积极地投身到了国民革命之中，但他对于孙中山的"联俄、联共、扶助农工"的政策却有自己的理解。他认为孙中山之所以联共，是因为当时中国的各政治力量中，唯有共产党与三民主义的理念更为切近，又因在国际上苏俄领导人率先取消与中国所签订的各种不平等条约，故而孙中山选择了与共产党人联合。

但是，在1926年归国后，2月4日，蔡元培在与新闻界的谈话中，即明确表示反对马克思的阶段斗争理论，而是主张走社会改良之路。他说："共产主义，为余所素服膺者。盖生活平等、教育平等，实为最愉快、最太平之世界。"

但他继之又说：

> 然于如何达到此目的之手段，殊有研究、讨论之余地。以愚观之，克鲁泡特金所持之互助论，一方增进劳工之智识与地位，一方促起资本家之反省，双方互助，逐渐疏浚，以使资本家渐有觉悟，以入作工之途，则社会不致发生急剧之变化，受暴烈之损失，实为最好之方法以。若夫马克思所持之阶级争斗论，求效过速，为害无穷。①

---

① 《与〈国闻周报〉记者的谈话》，《蔡元培全集》第5卷，第59页。

从上面的言论也可以看出，作为一个温和的改良主义和
"好人政府"的推崇者，蔡元培曾多次选择了与"坏政府""不
合作"，但他更反对共产党人用暴力革命来推翻政权、重建国家
体系。

蔡元培还认为，孙中山的联俄联共与军阀段祺瑞、张作霖
的联合几可同日而语，"先生与他党联合的程度，大率如是，其
与共产党及苏俄，亦非一切苟同，可推而知矣"。

我们有必要分析一下，让当时以蒋介石为首的国民党人对
共产党动了杀机的原因何在。国民革命军北伐前的这一期间，
中国共产党人的组织全面渗透到了当时国民党的党、政、军组
织之中。例如蒋介石嫡系的第一军，几乎被共产党人的骨干力
量控制。

国民党内部的右派如"西山会议派"，这时认为蒋介石是赤
色分子、共产党的同路人；而国民党的左派中又有一种声音，
认为蒋介石是"新军阀"，都要打倒他。时任代理海军局局长的
共产党人李之龙提出，蒋介石要在 3 个月之内把广东所有的工
厂收归国有，否则就要以"叛变革命"的名义查办他。来自苏
俄的军事顾问也一再危及蒋介石的权威。

在蒋介石看来，给国民党打下的地盘、让共产党做主，还
左右受气，他实在咽不下这口气。"近来所受苦痛，至不能说，
不忍说，且非梦想所能及者。政治生活至此，是何异佛入地狱
耶。"这是喜欢写日记的蒋介石在 1926 年 3 月 17 日写下的。他
开始谋划把共产党人清除出国民党的计划。

这一时期，新生的共产党人在指导思想和做法上也出现了
一些不成熟的极左倾向。当时著名的"湖南农民运动"中，农
协的刊物如《湖南民报》甚至提出了"有土皆豪，无绅不劣"

的口号，不加区别的镇压当地的地主、豪绅，没收其财产。结果，有很多国民党人和国民革命军军人的家属被列为"土豪劣绅"，成了揪斗的对象。这在国民党看来，简直是抓反革命抓到自己人头上，让国民党内包括中间派的很多人觉得中国共产党人野心勃勃、居心叵测。

1927年3月10日，国民党二届三中全会在武汉汉口召开，这次会议上，选出了左派人士和中共党员占绝对优势地位的中央委员会，并以"提高党权"的名义免去了蒋介石的中央主席、军委主席，只剩国民革命军总司令的职务。

在蔡元培等一部分国民党元老看来，国民党几乎快要被左派和共产党人架空，国民党和国民党人的革命事业到了生死存亡的关键时刻，非要出手挽救危局不可了。蔡元培基于他改良主义的立场，迅速与国民党内积极反共的人走到了一起。

1927年3月21日，国民党内力主清共的张静江（1877—1950，他与蔡元培、吴稚晖、李石曾并称为国民党"四大元老"）抵达杭州，即与蔡元培、邵元冲等会晤，告以蒋介石的清共计划。在随后的28日国民党中央监察委员会常务会议上，蔡元培任会议主席，对吴稚晖提议弹劾共产党表示附议，主张"取消共产党人在国民党之党籍"，会后并将这次活动定名为"护党救国运动"。①

4月2日，国民党中央监察委员会全体会议上，在吴稚晖提交查办共产党的呈文之后，蔡元培亦向大家出示了名为《共产党祸党证据及共产党在浙祸党之报告》的两份材料，一份是中

---

① 《中国国民党举行清党前中央监察委员会在上海开会之纪录》，《革命文献》第17辑，台湾中正书局，1956年12月版，第128页。

共自二大以来"阴谋破坏国民党"的种种决议和通告，另一份则是中共在浙江"阻止入党""煽惑民众""扰乱后方""捣毁米铺""压迫工人"等若干条罪状。

会上经蔡元培同意，还审定了列有毛泽东、周恩来、陈独秀等中共领袖及柳亚子、徐谦、邓演达等国民党左派人士的黑名单，共计 179 人，提请委员会立即采取紧急措施，将这些"首要危险分子"，"就地知照治安机关，分别看管，制止活动"。此后，在蔡元培的主持下，这一部分监察委员又开了 4 次"清党"密会。在国民党内，蔡元培坚决地站在了蒋介石一边。

蔡元培又在 4 月 9 日同吴稚晖、张静江、李石曾等人一起发出 3000 余字的"护党救国"联名通电，痛斥联共政策的种种荒谬，严词指责工农运动，指斥武汉汪精卫等为首的国民政府与共产党合作，有"亡党之责"，"大有背于本党治国之精神，极端毁灭本党组织之根本旨趣，减少群众对于本党之坚固信仰"。

蔡元培在文章里呼吁全体国民党党员"念党之危机，懔丧亡之无日，披发缨冠，共图匡济，扶危定倾，端视此举"，从而为蒋介石的反革命政变做了舆论上的准备。

10 月 18 日，蔡元培在国民党中央党务学校发表演讲，又向青年学生灌输反共思想：

> 本党在共产党捣乱的时候，下级党部和农工组织为他们所把持，不许本党党员插足。他们这种方法是很厉害的，是想把本党的基础抢了去。他们所做的工作，就是要消灭本党的工作。共产党的农人工人运动，是欺骗农工的运动，

不能够替农工谋实在的利益。①

在蔡元培为首的一干国民党元老及右派的支持下，蒋介石从而放开手脚，大干了一番腥风血雨的"清党"运动。

1927年4月15日凌晨，国民党广东当局下令军警和其他武装开始在广州进行"清党"大搜捕。萧楚女、刘尔崧、熊雄、邓培、李森、何耀全、张瑞成、李亦愚、毕磊、谭其镜、杨其纲、麻植、熊锐、邹师贞等100多位著名共产党人英勇牺牲。

仅在蒋介石的老家浙江，至1927年7月15日，杭州、宁波两地被捕的共产党人、革命群众及国民党左派就有400余人，其中117人被"清党委员会"残杀。至这年底，全浙江有1805人被捕，其中932人被杀。在另一些省份，更是有过之无不及。在农民运动中遭到打击的豪绅们这时也纷纷反戈一击，在地方上积极捕杀共产党人农运首领。

———————————

　　①　《蔡元培先生年谱传记》中册，孙常炜编，台北国史馆1986年版，第904页。

清党运动迅速朝着蔡元培始料不及的方式和规模发展。

清党之初，浙江清党委员会枪杀二十余名共产党人革命群众。蔡元培知道这件事后，很是痛心疾首，他提出了严厉批评，"我们不能随便杀人！昨天那样办，太荒唐！太草率！太不好了！此后必须谨慎注意。"作为清党的最初力推者，他提出清党务必执行的三原则：抓人必须调查清楚；定罪必须证据确实才可判决；杀人必须其人罪大恶极，提交清党委会员讨论决定后才可执行。

为劝阻滥杀，蔡元培在 1928 年前后写下《追怀不嗜杀人的总理》一文，其中说：

> 总理致力革命四十年，不但政敌甚多，就是始信而终叛的人也不少；然而总理最反对暗杀，一切均以堂堂正正之革命军行之。军行时自然不能没有死伤的人，然这是不得已而杀人，不是嗜杀。以汤芗铭的反复，并不念他的旧恶；以陈炯明的叛变，还许他们悔过效力；其他类似的人，从没有宣布过死刑。总理的不嗜杀人，可以公认了。①

但这些做法已不足以约束蒋介石等一干国民党顽固派的行为了。政治纷争的残酷，远非蔡元培所能预见和主导。

在这种情况下，清党期间，蔡元培亲自出面营救了诸多可能遭捕杀的共产党人和革命青年，如帮助被列入清党黑名单的朱宜权等出走，保释被捕入狱的进步青年史良、郑观松。1928年 1 月，蔡元培亲自致电武昌卫戍怀念胡宗铎，要求他释放被捕的教育界人士，称，"闻汉口第二中学学生颇有附和共产党

---

① 蔡元培手稿，原件存鲁迅博物馆。

者，因而连及徐校长昌期亦被监禁。但徐君实无共党嫌疑，如蒙早日开释，无任感荷"。

这真是一个奇观，力主清党的人却一再为被清的对象说情、提供保护、援助。但是，这时的蒋介石等这些国民党内蔡元培的"老同志"，早把总理的风格抛到了脑后，在权力争夺、残酷打击异己的道路上愈行愈远，置蔡元培的规劝于不顾了。

其实，蔡元培和中共的很多领袖之间不仅没有丝毫恩怨，而且私交还不错。陈独秀、李大钊这两位中国共产党的创始人，正是他任北大校长期间亲自聘请的优秀人才。就在清党开始之时，李大钊被奉系军阀张作霖处死，蔡元培带头募捐，帮烈士的长子李葆华去日本留学。

他和陈独秀的关系，更不用说了，两人以前就在一起共谋反清、制造炸弹。陈独秀后来两次被捕，蔡元培都出手相救。以至于当蔡元培去世以后，陈独秀十分悲伤，在给友人的信中说："弟前在金陵狱中，多承蔡先生照拂，公乃先我而死，弟之心情上无数伤痕中又增一伤痕矣！"

但蔡元培从维护国民党的大局出发，当然要反对无产阶级专政；他从民主自由价值观出发，当然不赞成打土豪、分田地这种在他看来是侵犯人权的斗争形式。蔡元培更批评国民党内一部分同志在"西山会议派"扯起反共大旗以后，仍"迷信总理容共政策，未能坚决拒共"。

不过，蔡元培毕竟与蒋介石的世界观有着本质的不同，这是学者和政客的分野。

蔡元培的立场是民主和法治维持秩序，而蒋介石的目标则是权力维持秩序。蔡元培虽然坚定地力主清党，但他主张用温和、法治的手段完成这项使命，蒋介石等人则毫不心慈手软，掀起了一场极为残酷的腥风血雨。

鲁迅后来说，"其实像蔡先生，也还只是一般地赞成进步，并不反对共产党而已。到底共产党革命是怎么一回事，他就不甚了然。他甚至于悲叹地说，国民党为了想消灭政治上的敌对者，连民族的存亡都可以不顾，这是他所始料不及的。可知他同情革命者，也不过为了民族而已"。

鲁迅的话说得不错。"清党"运动开始后，蒋介石进一步巩固自己在国民党内的势力，而蔡元培与党同伐异的蒋介石之间，很快就因政见、作风不同而疏远，以至于对立起来。

看错了蒋介石

在蒋介石为首的南京国民政府成立后的最初两年里，蔡元培基本上继续站在国民党新右派一边，支持蒋介石的反共"清党"事业。

1927年4月18日，蒋介石操纵下的南京国民政府成立，蔡元培作为国民党中央监察委员会代表，发表了演说。他指责当时的武汉国民政府"受共产党妨害"和俄国人操纵，应予取消。6月19日至21日，又与胡汉民、吴稚晖、张静江等随蒋介石参加与西北军阀冯玉祥商讨联合清共的徐州会议，并在这年9月促成了南京国民政府同武汉国民政府合并的"宁汉合流"。蔡元培与汪精卫、胡汉民、李烈钧、谭延闿5人在合并后的国民政府委员会中被列为常务委员。

这一期间，蔡元培继续积极地支持蒋介石。由于肃清共产党人削弱了军队的战斗力，北伐的国民革命军在战场与孙传芳部的数次交战中屡屡失利。在国民党内派系的权力纷争中，新的政治强人蒋介石不得不以退为进宣布下野。蔡元培与胡汉民、吴稚晖等人即联合通电，声明与蒋介石同进退，同时辞职。

在随后的宁汉谈判中，蔡元培与蒋介石的政敌——汪精卫针锋相对，他联合张静江、李宗仁、吴稚晖、李石曾等，以中央监察委员会的名义弹劾汪精卫，指斥汪精卫口是心非、阻碍清共。

蒋介石的下野当然只是一时的权宜之计，他并未失去江浙财团和国民党黄埔系军官的支持。1927 年 12 月 10 日，国民党二届四中全会上通过恢复蒋介石国民革命军部司令的职务。身为国民党元老的蔡元培即发表拥蒋宣言，他在南京向新闻界说，蒋介石"功在党国，此次再任艰巨，自极赞同。余意蒋先生复职后，必能将所有军队凡立于铲除共党、打倒军阀之旗帜者，结合为一"。随后蔡元培又与国民党军政首领们一道去南京车站迎接蒋介石复职，并在欢迎会上发表讲话称，蒋介石"与本党历史甚深"，蒋的复职，"不独北伐可以进展，而一切困难问题，亦可解决。"

在当时的蔡元培看来，蒋介石是国民党中可靠的老同志，又是国民革命军的领导者，只有支持蒋介石这样年富力强的领导者才能完成北伐大业、进而完成统一中国的革命事业。

但是，空前惨烈的清党大捕杀，让蔡元培对蒋介石等人的作风产生了不满。蔡元培虽然力主清党，却绝不主张举起屠刀滥杀。让蔡元培这样的自由知识分子更为不满的是蒋介石日益显露出的独裁倾向。渐渐地，蔡元培不再毫无保留地支持蒋介石。

1928 年 9 月，蔡元培以在国民党《三民半月刊》第 1 卷第 4 期发表《三民主义的中和性》一文告诫国民党当局在反共的同时要谨防出现法西斯主义货币,指出"若口唱三民主义,而精神上不是法西斯,便是波尔雪维克(即布尔什维克),那就是孙先生的罪人了"。①

1928 年 10 月 8 日,国民党的中常会再次推蔡元培为国民政府委员并兼任监察院院长。蔡元培感到,这个任命实际上是出于蒋介石在国民党内派系斗争的需要,他不愿去趟这个浑水。在 10 月 13 日写给吴稚晖的私函中,蔡元培写道,"此次国府委员名单及院长与主席人选,完全由先生及张、李两先生提出,诸先生不避嫌之勇气,固为可佩,然未免太露骨,如留弟一人,立于半超然之地位,仍亦不为无益"。他建议让与蒋介石关系密切且同样老资历的张静江来干这个职务。私下里他却对胡适说:"这时候哪有监察的事可做?"②

蔡元培虽然是国民党内有影响的人物,但在党内纷争中,他没有站在中国政坛日益崛起的蒋介石一边,而是采取了他所说的"超然"态度,乃至站在蒋介石的对立面。

1929 年,蒋介石的亲信、湖南省主席鲁涤平被国民党中的桂系免职,与南京的蒋介石政府发生矛盾,蔡元培作为"湘案"的查办员,反对蒋介石用武力对付桂系。调解过程中,蒋介石扣押了由蔡元培等国民党四元老邀请来南京的李济深。蔡元培知道后深为惊怒,在私下对蒋介石的行径极表反感。

1931 年 2 月,国民党早期领导人、时任立法院长的胡汉民因拒绝支持蒋介石的有关举措,被蒋介石扣押软禁,引发国民党内反蒋各派联合,在广州另组国民政府,形成严重的宁粤对

---

① 《蔡元培全集》第 5 卷,第 284 页。
② 《胡适秘藏书信选》下册,台北风云时代出版公司 1990 年版,第 945 页。

峙，双方剑拔弩张。

蔡元培作为南京方面的代表，与张静江、吴稚晖等赴广东居中调解。

在宁粤双方的谈判会议上，蔡元培先后担任会议主席。在双方围绕蒋介石的职位问题激烈争论时，蔡元培态度中立。时任会议秘书的程沧波回忆说：

> 蔡先生当时做主席，尽管李文范在那里跳，伍朝枢冷嘲热讽地骂，他坐在席上丝毫不动。……宁粤相争，尽管闹得满天星斗，但蔡先生处之泰然。这一段期间，我跟蔡先生接触很多，不但白天有接触，晚上也常到他那里。他很少谈和谈的事，也不谈现实的问题，他很超然，眼光看得很远，仍然是谈教育、谈思想、谈文化。①

在私下，蔡元培与反蒋的国民党内邓演达、陈铭枢来往，参与策划倒蒋活动。他们商定，看准时机在军事上占领闽粤一带，然后由蔡元培领衔发表对时局的宣言，呼吁和平、停止内战、一致对外。陈枢铭后来回忆："其时，我认为蔡元培有政治威望，择生（即邓演达）有群众基础，我有军事力量，我们三人合作计划实现，定可另开一新局面。"②

恰在随后，发生了震惊国人的"九一八"事变，日本占领中国东北。为避免国内的政治分裂，使外敌有隙可乘，蔡元培与陈枢铭遂放弃原计划。

---

① 程沧波：《宁粤和谈追随蔡先生的经过》，台湾《传记文学》第 31 卷，第 2 期。

② 陈枢铭：《宁粤合作亲历记》，《文史资料选辑》第 9 辑，第 55 页。

这时蔡元培的身份仍是受蒋介石指派的南京方面谈判代表。但在谈判中，蔡元培没有替蒋介石说话，他抵广东后不久，即接受广东方面提出的和解条件：任命陈铭枢为京沪卫戍司令，调他的十九路军驻扎京沪一带；蒋介石引咎下野，粤方取消政府。

闻知蔡元培轻易接受粤方条件、以自己下野促成双方和解的蒋介石十分生气，第二天即致电斥责。蒋介石方面的李石曾、吴铁城等也纷纷致电蔡元培，表示反对。但蔡元培在调解中始终不偏护蒋介石一方。

1932年初，蒋介石和汪精卫这两个国民党内的大佬达成了妥协，蒋介石再一次复出。这时，蔡元培非但没有表达欢迎之意，反而在汪精卫邀请他加入蒋汪联合政府的时候予以回绝。他说："救国必须分工，自献宜稽效率。运筹帷幄之内，折冲尊俎之间，实非墟如弟者，所能助力。若强作解事，相与周旋，隔靴搔痒，徒乱人意；不如择性所近，尽力所及，竭一得之愚，求几分之效，比于不贤识小，借告无罪云尔。"[①]

从本质上来讲，一个强大的中央集权的执政理念与蔡元培这样的自由独立知识分子的理念往往是违背的。自由知识分子的理想一般是大社会、小国家式的社会。而以蒋介石这样的政治强人为首的国民党政权则越来越表现出独裁倾向，这是蔡元培难以接受的。

蔡元培虽贵为党国元老，参与推动了现政权的建立和稳固，拥有难出其右的雄厚政治资历，但他并未因自己的政治资历而自得，在民国的政权上长袖善舞，他无改自己的学人本色。此

---

① 《复汪兆铭函》，《蔡元培全集》第6卷，第177页。

后的蔡元培虽然还留在南京国民党政权内，但他在政治立场上游离在这个政权与社会活动家之间。

民权的先行者

随着政权的建立和巩固，蒋介石为首的南京国民党政权开始越来越强力地加强对民众以及社会舆论和思想的管控，以巩固自己的权力。

早在 1928 年，蒋介石即主导成立"中央组织部党务调查科"，简称"中统"，这实际上是一个对内监控的秘密特务组织。1932 年，又成立著名的"蓝衣社"及外围组织"复兴社"，用以打击共产党及政治异己，监控民众。这些组织搞了很多恐吓、绑架以至于暗杀活动，其臭名在社会上昭著一时。

1931 年 1 月 30 日，南京国民政府颁布《危害民国紧急治罪法》，第一条规定"以危害民国为目的而有左列行为之一者处死刑。（一）扰乱治安者。（二）私通外国，图谋扰乱治安者。（三）勾结叛徒，图谋扰乱治安者。（四）煽惑军人不守纪律，放弃职务，或与叛徒勾结者"。第六条规定"以危害民国为目的而组织团体或集会，或宣传与三民主义不相容之主义者，处五年以上、十五年以下有期徒刑"。这一法律几近将民众的言论、结

社、领会、出版、信仰乃至人身权利剥夺殆尽。

据不完全统计，蒋介石上台后的短短五六年中，在中国由于国民党政权的恐怖统治而死难的人数多达 100 万以上。除了政治上的对手，蒋介石政权对于知识界的严防和残杀尤为酷烈，几乎形成了钳制思想的高潮。

早在 1929 年初，学者胡适发起了"人权运动"，在《新月》杂志上发表《人权与约法》一文，随后又发表《我们什么时候才可有宪法——对于建国大纲的疑问》《知难，行亦不易——孙中山先生的"行易知难"说述评》《新文化运动与国民党》。文章一发表即遭到南京国民党当局文宣部门的严厉警告，著作遭查封。

蔡元培则给胡适写信表示支持，他说胡适的文章"振聋发聩，不胜佩服"。①

1933 年 2 月的一次青年会演讲上，蔡元培说了下面的话：

> 至于说国难时期，不许人民要民权，只要人民尽义务，这更不对。试问：人民生命财产言论等自由都剥夺了，还望他们从何处尽他的义务去呢？譬如我们在此地房屋将倾，还是手同脚自由的人能起来挽救呢？还是手同脚都被绑了起来的能起来挽救呢？

蔡元培不是一个恋眷权位的人，他自然不是考虑自己在政治上的得失，他更是站在一个学人道义的角度默默衡量着发生的一切。

1932 年 12 月 13 日凌晨 5 时，驻北平的国民党宪兵三团秘

---

① 《蔡元培全集》第 5 卷，第 320 页。

密逮捕了北大、师大教授许德珩。14 日，各报发表消息，当局秘密捕人的真相大白。蔡元培再也坐不住了。17 日，宋庆龄、蔡元培、杨杏佛等人以"中国民权保障同盟"筹备委员会的名义，发表致蒋介石、行政院代理院院长宋子文、平津卫成司令于学忠的代电。代电说：

> 报载北平警探非法逮捕？监禁各学校教授？学生许德珩等多人，至今未释，摧残法治，蹂躏民权，莫此为甚？外来国事凌夷，民气消沉，皆因民权不立，人民在家时怀朝不保暮之恐惧，对外何能鼓同仇敌忾之精神？欲求全国精诚团结，共赴国难，唯有即日由政府明令全国，保障人民集会？结社？言论？出版？信仰诸自由，严禁非法拘禁人民？检查新闻？并望即日释放在平被非法拘禁之学校师生许德珩等，以重民权，而张公道。

这一时期，经过近半年的酝酿和活动，1932 年 12 月 18 日，蔡元培与宋庆龄、杨杏佛、林语堂等发起"中国民权保障同盟"，并在上海的《申报》上联名发表《中国民权保障同盟宣言》，在宣言中抨击蒋介石的政权践踏民主、蹂躏人权。

宣言中愤慨地说："抑制舆论与非法逮捕、杀戮之记载，几为报章所习见，甚至青年男女有时加以政治犯之嫌疑，遂不免秘密军法审判之处分。虽公开审判，向社会公意自求民权辩护之最低限度之人权，亦被剥夺。"①

12 月 30 日，蔡元培在上海华安大厦主持召开记者招待会，宣告"中国民权保障同盟"正式成立，由宋庆龄任主席，蔡元

---

① 《发起中国民权保障同盟宣言》，《蔡元培全集》第 6 卷，第 230 页。

培任副主席，杨杏佛任总干事，林语堂任宣传主任。蔡元培在记者会上说：

> 我等第一、无党派的成见，……第二、我等无国家的界限……第三、我等对于已定罪或未定罪的人，亦无甚区别。未定罪的人，其人权不应受人蹂躏，是当然的事，已定罪的人，若是冤的，亦救济的必要。至于已定罪的并不冤的人……对于当其罪之罚，不能不认为当然，而不应该再于当然之罚以上再有所加。……希望诸君对于普遍人权保障，能超越国家党派的关系，以下判断……①

1933 年 2 月，蔡元培在上海的一个青年会活动上，做了以《保障民权之过去与现在》为题目的演讲。

他引述《论语》《孟子》《左传》《国语》等中国传统经典中的观点和典故，说明要想国家统一兴盛，掌权者必须保障民权，允许人民议论国是，乃至于违抗当权者的错误施政。蔡元培引用周厉王禁"腹诽"、秦始皇"焚书坑儒"、汉代"党锢之祸"导致灭亡的历史，告诫南京的国民党当局引以为戒。

他继续说道：

> 在这国难时期，我们欲图抵抗，这也没有，那也没有，其所以没有的最大原因，就是人才缺乏。培植人才，不是容易的事，原有的就嫌不够，还要求他多起来，哪能再去随便捕杀、随便摧残呢？②

---

① 《在中国民权保障同盟中外记者执行会致词》，《蔡元培全集》第 6 卷，第 323 页。

② 《保障民权》，《蔡元培全集》第 6 卷，第 251—252 页。

这段话的内容是深刻的，正如马克思所说："没有无义务的权利，也没有无权利的义务。"从这段话，我们也可以看到蔡元培之所以先见式的关注中国的民权事业，其出发点何在。

蔡元培并不仅仅是站在道义和人权的立场上，而是从一个思想家的思维来考量。在他看来，只有给人民以自由和权利，他们才会更加自觉的保家守土，为国奉献。反之，收紧人民的自由，不敢让人民有权利当家做主，这样的作法则是短视和愚蠢的，这将使人民对国家的义务感大大削弱，从而从根本上削弱建设国家和保卫国家的动能，与"救亡图存"的旨趣完全违背。

当他游历西方列强时，他感到，正是这些先进国家对民权的重视，使得这些国家的民众对自己的国家和民族有更强烈的责任感、义务感。换而言之，蔡元培始终是一个民族主义者，为了国家的强大，他有一种强烈的意愿要振兴中国的民权事业，而不仅仅是基于执政者的利益而维护国家的稳定，他要以保民权来促进民族的凝聚力、振兴国家，而绝不仅仅是从道义的立场。这就是他在思想深层面的逻辑。他从此积极地为国民党治下的中国民权事业奔走鼓呼。

1933 年 1 月，江苏镇江《江声日报》编辑刘煜生被国民党江苏省政府主席顾祝同以违背《出版法》为名下令拘押，后又依据所谓《危害民国紧急治罪法》将他枪杀。此时又传来《时事新报》驻京记者王慰三被枪杀，新闻界人人自危。2 月 1 日，蔡元培在华安大厦召开民权保障同盟新闻发布会，发表宣言谴责"此种蹂躏人权、破坏法纪之黑暗暴行，已明白证明顾祝同为实质上与北洋军阀毫无二式、亦即为我全国人民之公敌"。宣言要求国民党政府即将顾祝同免职惩办，并务使以后不再发生同类事件。

这年 3、4 月间，蔡元培为营救被国民党政权逮捕的罗登贤、廖承志、陈赓等人积极奔走。5 月 14 日，著名女作家、"左翼作家联盟"党团书记丁玲及哲学家、文委书记潘梓年在上海丁玲寓所被国民党特务绑架，并被押往南京。23 日，由蔡元培领衔，与杨杏佛、邹韬奋、林语堂等 38 人联名致电国民党政府，"比闻著作家丁玲、潘梓年，突被上海市公安局逮捕。虽真相未明，然丁、潘二人，在著作界素著声望，于我国文化事业，不无微劳。元培等谊切同文，敢为呼吁，尚恳揆法衡情，量予释放，或移交法院，从宽处理，亦国家怀远佑文之德了。"① 民权保障同盟并决定成立"丁潘营救委员会"，进行舆论造势及募捐工作。在一份营救丁、潘的公开启事中，同盟公开号召"为丁、潘奋斗的事，现在才开始，我们要以这个斗争展开阵线，向蓝衣社裁害工人、学生及知识分子的恐怖猛烈进攻"。②

这年 5 月，为了抗议德国希特勒的法西斯暴行，蔡元培与鲁迅、杨杏佛等一道在宋庆龄的率领下前往德国驻沪领事馆递交抗议书，书称"本同盟认为此种惨无人道之行为，不特蹂躏人权，且压迫无辜学者作家，不啻于摧残德国文化。兹为人道起见，为社会文化之进步起见，特提出严重之抗议"。③

这一年，民权保障同盟北平分会主席胡适因与同盟发生歧见，被同盟中央执委会开除出会。胡适反过来劝蔡元培一同退会。蔡元培本来与胡适有很深的交谊，他不忍辜负胡适的好意，但始终没有听从胡适的劝告而脱离民权保障同盟，让胡适深以

---

① 《申报》，1933 年 5 月 24 日。
② 《中国论坛》，第 2 卷第 7 期，1933 年 6 月 19 日。
③ 《申报》，1933 年 5 月 14 日。

为憾。

蔡元培以党国元老和国民党中央监察委员的身份，却在一系列事件中，处处与国民党的政治举措唱对台戏，让南京国民党当局一部分主政者极为恼火，遂对蔡元培发出警告以至于恐吓和威胁。

1932 年 11 月，国民党南京市党部对蔡元培、杨杏佛营救陈独秀的做法提出书面警告，指其"为清议所不值""徇于私情，曲加保护，为反动张目"。又于次年 2 月 10 日要求解散民权保障同盟，并对蔡元培、宋庆龄提出警告，指"蔡元培、宋庆龄等擅组民权保障同盟，发表宣言，保障反革命及共党要犯，实破坏本党威信，逾越中委职权"。①

1933 年 6 月 18 日，民权保障同盟总干事、辛亥革命社会活动家、中国人权运动先驱杨杏佛带着儿子驾车外出，至上海亚尔培路时，设伏的"蓝衣社"几名特务突然从路边冲出，将杨杏佛乱枪杀害。

蔡元培闻讯后即驱车前往现场查看，随后到医院瞻礼杨杏佛遗体，集结同仁商讨善后事宜。同日，他以中研院长的身份致电汪精卫、林森，要求立即"饬属缉凶，以维法纪"。② 20日，蔡元培在杨杏佛公祭仪式上沉痛地致了悼词。

参加杨杏佛公祭的鲁迅说："今天蔡先生是去的，他很悲哀。……打死杨杏佛，原是对于孙夫人和蔡先生的警告，但他

---

① 中国社会科学院近代史研究所主编《中国民权保障同盟》，中国社会科学出版社，1979 年版，第 183 页。

② 《蔡元培全集》第 6 卷，第 292 页。

们两人是坚决的。"①

　　杨杏佛的事直接导致了民权保障同盟在无形中解散，但这没有阻挡住蔡元培人权事业的脚步。

　　1933 年 10 月，著名新闻人邹韬奋主编的《生活周刊》因为宣扬民主、抗日而被国民党当局查封，蔡元培连发两电要求解禁。1934 年 2 月，共产党员、国民党的老同志何香凝之婿李少石被抓，蔡元培亦参与营救，与张静江等设法将其保释。同年 9 月，著名史学家范文澜在北平被国民党宪兵逮捕，蔡元培即致信给汪精卫，促请其下令释放。1935 年 2 月，共产党的重要领导人瞿秋白被国民党捕获，蔡元培知道国民党对付共产党人的手段，他即在国民党中央干部会议上力为辩护，他说像瞿秋白这样的天才在中国不可多得，绝不能杀。

　　抗战全面爆发的前几年，蔡元培竭尽所能积极参与保护进步人士和共产党人的活动，多至数不胜数。

---

　　① 　中国社会科学院近代史研究所主编《中国民权保障同盟》，中国社会科学出版社，1979 年版，第 153 页。

第二章　在党国教育界的奋争

"党化"教育的历史

统一行政的建立，意味着强力政权力量的扩大，也必然伴随着文化和意识形态的收紧。除了与南京国民党政权的民主与独裁之争，这一时期，蔡元培"教育独立"的主张与国民党政府的"党化教育"政策也越来越格格不入。

"党化教育"，曾被国民党在所谓"训政"① 时期作为教育的指导思想。

党化教育，在狭义上指执政党在学校推行自身政治理论和意识形态教育，甚至在学校建立和发展党组织，即教育的党化。广义上指将执政党的意识形态推广到社会的教育。

国民党党化教育的重点是中小学和中等师范学校，在时间

---

① 孙中山的《中华民国建国大纲》把中国的建国分为军政、训政、宪政三个阶段。1928 年 12 月 29 日，张学良东北易帜，这标志着国民革命胜利、军政阶段结束；1931 年《训政时期约法》的制定标志着训政阶段开始。国民政府原定于 1936 年结束训政，因日本侵华故，"国民大会"一拖再拖，宪政迟迟未始。

上主要是 1923 至 1954 年，共 31 年。由于自由知识分子的顽强抵抗，抗战爆发前国民党的"党化教育"在大学里则要宽松得多。

甲午战争后，严复提出了"公民教育"的概念。民国初，蔡元培担任教育总长期间，政府编写了中小学公民教材，此后，全国各地开展了轰轰烈烈的公民教育运动。但这种公民教育和党化教育还扯不上关系。

北洋军阀时期，教育界具有一定的自主权。北洋政府尽力向学校拨发教育经费，但对于学校管理基本上采取了"放任态度"，希望学生好好读书，不要过多关心国家大事，以免造成社会动乱。这是蔡元培在北大提出"学术自由，兼容并包"的一个大的时代背景。这一时期可以说是近代中国历史上政治最宽松的时期，从而也是社会思潮和学术思想最活跃、最开放的时期。蔡元培曾感慨的回顾那一时期："那时候，思想和言论的自由，真是达到近乎极点。"①

1919 年的五四运动，显示了学生运动的巨大威力，给孙中山以极大的启示。此后国民党在孙中山的领导下开始学习苏联，提倡"以党治国"，在国民革命军实际控制的广东省，开始在学校实行党化教育。1923 年，孙中山受中国传统集权主义思想和苏俄双重影响，为了在高等教育中建立国民党的阵地，为国民党培养政治和文化人才，在这一年 12 月命令广东高等师范学校、广东法科大学和广东农业专门学校合并，组成国立广东大学。1924 年，国民党在广东建立了自己的政权，并着手对整个社会进行控制，其中一项措施就是推行党化教育，通过组织手

---

① 《蔡元培全集》第 6 卷，第 572 页。

段将学校变为党的政治工具，通过调换校长将非国民党人管理的学校改为国民党可控制的学校，在所有国民党控制地区的学校开设"三民主义"之类的课程，灌输国民党的政治主张。在这样的力量推动下国立广东大学成立；1926 年 8 月，广东大学改名国立中山大学。

1927 年 7 月国民政府在广州举行的中央教育行政大会通过决议，要求所有大、中、小学的教职员和学生全部加入国民党；另一项决议规定县视学或督学兼任县党部组织部官员，到各校建立区分部和宣传党的纲领。1927 年 8 月，国民政府教育行政委员会制订了《学校实行党化教育草案》，为全国推行党化教育的开端。

1927 年 10 月，光华大学校长胡适发起批判和抵制党化教育。1928 年 3 月，胡适、梁实秋、闻一多等人在上海创办《新月》杂志，其《人权论集》直指国民党的"训政"。他们较早意识到了党化教育的危害，要求恢复公民教育。

到了 1929 年，胡适在中国公学的演讲中曾说过这样的话："（现在我们）可以否认上帝的存在，但不能批评孙中山。我们可以不上教堂守礼拜，但不能不读总理遗嘱，也不能不参加每周孙中山的纪念周。"①

蔡元培一方面继续倡导自由化教育，一方面也被迫向国民党妥协。于是，1928 年 5 月在蔡元培的倡导下，国民党把"党化教育"改名为"三民主义教育"，部分恢复了公民教育、精英治校、教育家管理教育的自由化教育，但国民党对学校的控制作用没有改变。

---

　　① 《胡适文集》第 5 卷，北京大学 1998 版，第 579 页。

1928 年 9 月 15 日，国民党中央党部命全国学校增加党义课。此后，北伐战争打到哪里，课程就开到哪里。国民政府教育部的课程计划规定，党义是高等及初、中等学校全体学生的必修课。国民党开始收敛北洋政府的"放任态度"，实行"严格主义"政策。1930 年 12 月，蒋介石以行政院长兼教育部长身份发布命令，针对此前青年学生积极参与自由民主运动，禁止学生罢课和举行游行集会，要求学生埋头功课，不问政治。

1932 年，国民党将党义课改名为公民课，而党义课实质未变。1934 年，国民党颁布《大学组织法》，彻底取消教授治校制度。总的来说，党化教育是国民党革命时期的一种非常措施。国民党正式执政时期，由于遭到具有科学和民主意识的自由知识分子的强烈抵制，例如蔡元培等就坚决抵制"党的孩子"教育，因而在党化教育中也插有公民教育的内容。

1938 年 2 月 4 日，根据抗日战争的需要，国民党第五届中央常委会第 35 次会议通过了《总理纪念周条例》，规定内容有：唱国民党党歌、向党旗及孙中山遗像三鞠躬、主席恭读全体跟读总理遗嘱、宣读党员守则，等等，对纪念活动不力的人或单位处分很严厉。这个时期，由于大多数知识分子以抗战大局为重，抛开各自成见，基本停止了对党化教育的抵抗。

抗日战争时期，国民政府相继新建立了 10 多个国立师范学校，以培养人才所需要的师资，以开展国民精神总动员。在中等师范学校里，始终坚持三民主义信仰和党史教育，也插入公民教育的内容。

1940 年国民政府教育部发布训令，责令包括国立师范学校在内的国内中小学教师一律入党，加强了党对中小学教育的全面控制。幸运的是，没有要求大学教授入党，这是基于大学教授多元化、自由化和教授们的顽强抵抗。同年 7 月，国民政府教育部又发布了关于在学校内悬挂"忠孝仁爱信义和平"八字匾额的训令。

1945 年 5 月，国民党第六届全国代表大会通过了《促进宪政实施之各种必要措施案》，其中就有今后"各级学校以内不设党部"一条，被认为是国民党决心终止党化教育的开始。但是，由于国民党在内战中的失利，转守台湾后，又曾企图靠党化教育巩固"复兴基地"，要求学生研读"总理遗教""总统训词""总裁言论""三民主义"等等。

国民党党化教育断断续续、羞羞答答经历了大约 31 年的历史。由于国民党党性的软弱，实行党化教育却始终不力，国民党及其政府对大学的控制并不强大，再加上知识分子对反动政策的抵制，因而，整个民国时期，全国的大学仍然基本上是独立自由的大学，为国家培养了一大批优秀人才。

谋求教育独立

蒋介石的南京国民政府成立以后，蔡元培既是老同盟会员，又在"清党"活动中坚定地站在了蒋介石一边。他先后担任了国民政府的中央委员、监察院长、代理司法部长等职。

蔡元培没有在政治的洪流中迷失而愈行愈远。在参与了国民党内的一些政治活动之后，他很快就回归他念兹在兹的教育事业上。对于蔡元培来说，政治并不是他最终的旨趣，他不过是作为学界的一分子，不得不对历史的进程发出他的鼓与呼而已。

这种对政治的有限参与，客观上又使蔡元培获得了影响和实践教育理念的资本。对蔡元培来说，随着南京国民政府的成立，他实践教育兴国的舞台又一次拉开了帷幕。

1927 年 4 月 27 日，蔡元培被任命为国民政府教育行政委员会委员。蔡元培即建议，仿效法国教育制度，在国民政府内不设教育部，而设"中华民国大学院"，作为全国最高之学术和教育行政机关。

蔡元培这样做的目的，是"但求办事上能增加效率，不因人设事，致成衙门化"。他说，"近来官僚化之教育部，实有改革之必要。欲改官僚化为学术，莫若改教育部为大学院"。他的理想是不让中国的教育事业行政化，而是走上专业化、学术化的路子。

大学院的特点是贯彻"以教育家办教育"的思想。如，在院内设大学委员会，作为全国最高的教育立法机关，这个委员会由各国立大学校长、大学院教育行政处主任、国内专门学者这三部分人组成，委员长则由大学院院长兼任。这个委员会可推荐大学院院长的人选，议决国家教育的重大方案、政策，与政府各个部门保持相对独立。

大学院内设院长一人，总理全院事务，下属办事机构仅设秘书处和教育行政处。

10 月 1 日，大学院正式成立，蔡元培宣誓担任院长，他任这一职务直至次年 8 月大学院取消。

这时的南京国民党政权已日益走向集权，越来越不容许有在国家中独立于其掌控之外的领域出现，乃至于教育、学术领域。这也是现代国家制度建立起来之后，一切集权政治的必然趋势。

蔡元培的这一教育行政制度，渐渐越来越与国民党的"党化教育"相抵触，即使蔡元培的初衷绝不是为了挥洒学人的精神绝对自由，而还是为了民族的富强，但这种理念与政治强人的作风不能相容。1929 年 6 月的国民党三届二中全会最终停止了试行大学区制。

但蔡元培仍然利用他在国民党内的声望和资本，为教育事业争取尽可能多的资源，努力争取教育经费独立、增加经费、提高老师待遇。

"清党"之后的蔡元培渐渐与蒋介石疏远，力图在国民党内保持一种"超然"态度，然而，在非友即敌的政治氛围中，不可能允许真正的"超然"存在。蔡元培的态度加深了他与蒋介石国民党政权之间的罅隙。蒋介石遂进一步在文教界支持李石曾等人的势力，压制蔡元培及与之亲近的学界领袖。

1928年，南京的国民党政权初步巩固后，为把文教事业也完全掌握在国民党手中，国民党内的一些政客开始排挤蔡元培。陈果夫、丁惟汾等坚决要求废止大学院制度，他们的理由是："大学院的机关，明明列在国民政府组织案中，当然在国民政府之下，和其他各部院同一性质，何以大学院门口所悬的招牌，不称国民政府大学院，大书特书而曰'中华民国大学院'？是否表示教育独立，大学院和国民政府并列？"①

面对国民党内政客的一系列争权夺利的政治手段，1928年6月15日的大学院委员会会议上，蔡元培愤然要求辞去大学院院长职务。会后，他感慨地对胡适说，他从不晓得社会这样复杂；他应付不了这样复杂的社会，干不下去了。②

蒋介石控制的南京国民党政权一方面废置大学院制，另一方面，于这年8月通过《北平大学区组织大纲》，以北平为中心设立北平大学区。国民党元老吴稚晖、张静江、李石曾在教育

---

① 《中国国民党第二届中央执行委员第五次会议记录》，第292—293页。

② 《胡适的日记》（手稿本）1928年6月15日，台北远流出版事业股份有限公司，1989年版。

系统内极力发展自己的势力，他们谋求由李石曾取代蔡元培在北京大学校长职务，因北大方面师生的坚决抵制而没有得逞。

在取消大学院的提议和《北平大学组织大纲》通过后，8月17日，蔡元培公开宣布辞去他的国民党中央政治会议委员、国民政府委员、大学院院长、代理司法部长等职，专任中央研究院院长。他在辞呈中写道：

> 元培一介书生，畏涉政事。前以全国尚未统一，人才不能集中，备员国府，一载于兹。……倾统一告成，万流并进，人才济济，百废俱兴。元培老病之身，不宜再妨贤路，且积劳之后，俾可小息。……愿以余生，专研学术，所以为党国效力者在此。①

1929 年 6 月，南京国民党政权作出取消所有大学区制的同时，又决定设立国立北平研究院，任命李石曾为院长，以削弱蔡元培以及他领导的中央研究院在国内的影响力。

同时，南京国民党政权还处处与中央研究院为难。1930 年 1 月，在蒋介石亲自主持的国民党中央政治会议上，勒令中央研究院在上海动工兴建的物理、化学、工程三个研究所的工程立即停止，于 4 月以前迁往南京。

不久，亲近蔡元培的蒋梦麟也被吴稚晖、李石曾从教育部长的职位上逼走，由蒋介石以行政院长的名义兼任教育部长，并任由李石曾提掣的李书华为政务次长，后又提拔其为教育部长。这样一来，蔡元培的影响力日渐被完全排除到了南京国民政府教育部的领导体系之外。

----

① 《辞大学院院长等职呈》，《蔡元培全集》第 5 卷，第 277 页。

为科学事业奠基——中研院掌门人

> 我与蔡孑民先生共事多年，觉得蔡先生有一种长处，可以补蒋先生（蒋介石）之不足。蔡元培能充分使用他手下的人，每委人一事，他即付以全权，不再过问；遇有困难时，他却挺身负其全责；若有成功，他每啧啧归功于主任的人，然而外人每归于他老人家。因此，人每乐为之用，又乐为尽力。迹近于无为，而实则尽人之才，此是做领袖的绝大本领。
>
> 试看他近年用杨杏佛。杏佛是一个最难用的人，然而蔡先生始终得其用……杏佛死后，蔡先生又完全信托于丁在君。在君提出的改革案有不少阻力，但蔡先生一力维持之，使在君得行其志。[①]

这是胡适的一段话。这一番话，把一个充满魅力的先行者和领路人的风范活生生地描绘出来。与蔡元培共事多年的晚辈胡适在 1935 年 6 月给友人的一封信中，曾将蔡元培与蒋介石做过一个比较。胡适眼中的蔡元培很有领袖风范，相比之下，蒋介石则过于细琐，终不能"小事糊涂"。中国的学界，幸有蔡元培这样一位杰出的领袖。

中央研究院（Academia Sinica），简称中研院，是中华民国时期中国最高学术研究机关，也是现今我国台湾地区最高学术研究机关。1928 年在首都南京成立，1949 年搬迁台湾。蔡元培是它的首任院长，并担任这一职务直至 1940 年 3 月。这也可以

---

① 《胡适的日记》手稿本 1935 年 6 月 30 日，台北远流出版事业股份有限公司，1989 年版。

说是蔡元培在南京国民政府时期在教育文化界写下的最浓墨重彩的一笔，它为中国的现代科学事业奠定了基础。

蔡元培本人并不是一个科学家，但他曾数游欧洲，深谙科技在时代发展中的决定性作用，深知科技事业之于国家、民族的重要，他坚定地支持中国近代的科学救国论者。他说，"教育文化为一国立国之根本，而科学研究尤为一切事业之基础"。①

中央研究院就是蔡元培教育"科学化"的最重要结晶。

1927 年 4 月 17 日，中国国民党中央政治会议第七十四次会议在南京举行，李石曾提出设立中央研究院案，决议推李石曾、蔡元培、张静江共同起草中研院组织法。同年 5 月 9 日，中央政治会议第九十次会议议决设立中研院筹备处，并推定蔡元培、李煜瀛、张人杰、褚民谊、许崇清、金湘帆为筹备委员。

11 月 9 日，《中央研究院组织法》公布，明定"中央研究院直隶于中华民国国民政府，为中华民国最高学术研究机关"，设立物理、化学、工程、地质、天文、气象、历史语言、国文学、考古学、心理学、教育、社会科学、动物、植物等十四个研究所。蔡元培作为当时的大学院院长，具体负责中央研究院

---

① 《提议以俄英退还庚款拨充教育基金案》，《蔡元培全集》第 5 卷，第 196 页。

的组织工作。1928 年 4 月，南京国民政府公布修正中央研究院条例，改中华民国大学院研究院为中央研究院，直属国民政府，正式任命蔡元培为首任院长。

在首任院长蔡元培任内，中央研究院陆续在南京、上海等地设立十个研究所，系由理化实业、社会科学、历史语言三研究所，以及地质调查所、观象台与自然历史博物馆演展而来。抗战期间中央研究院曾西迁昆明、桂林、四川李庄等地，抗战胜利后方复还京、沪。

理化实业研究所于 1927 年 11 月筹设，下有物理组、化学组、工程组。1928 年 7 月分立为物理研究所、化学研究所、工程研究所，均在上海。地质调查所于 1927 年 11 月筹设，1928年 7 月在上海成立地质研究所。社会科学研究所于 1927 年 11 月筹设，1928 年 5 月正式成立，下有法制组、民族组、经济组、社会组，前两组在南京，后两组在上海。1934 年 7 月，中华教育文化基金董事会之北平社会调查所并入该所，1945 年改称社会研究所。观象台于 1927 年 11 月更名，下有天文组、气象组。1928 年 2 月分立为天文研究所、气象研究所，均在南京。语言历史研究所于 1927 年夏设于广州中山大学，1928 年 3 月在中山大学筹设历史语言研究所，10 月 22 日迁入广州柏园正式成立，后迁北平。体质人类学研究所于 1944 年由史语所第四组中抽出另设，抗战胜利复员后因限于经费，又由史语所收回接办。自然历史博物馆于 1929 年 1 月筹备，1930 年 1 月成立于南京，1934 年 7 月更名为"动植物研究所"，1944 年 5 月分立动物研究所、植物研究所。心理研究所于 1928 年 11 月决定设立，1929年 1 月筹备，1929 年 5 月在北平正式成立。数学研究所于 1941年筹备，1947 年在上海正式成立。医学研究所于 1944 年筹备。

院长任上，蔡元培依旧奉行他的"人才至上"主义，不拘一格选用科学方面的专家。

理工方面，物理研究所聘丁西林为所长，严济慈、胡刚复、杨肇燫等为研究员；化学研究所聘王琎为所长，赵燏黄、沈慈辉、曾义为研究员；工程研究所聘请周仁为所长，王季同、周行健等为研究员；地质研究所聘李四光为所长，翁文灏、叶良辅、徐渊摩等为研究员；气象研究所聘竺可桢为所长，胡焕庸等为研究员；天文研究所聘请俞青松为所长，陈遵妫、高平子为研究员；心理研究所由康钺任所长。

人文方面，历史语言所由傅斯年任所长，陈寅恪、赵元任、李济分别任历史组、语言组、考古组主任，研究员有陈垣、刘半农、徐中舒、罗常培、史禄国（白俄学者）等。社会科学研究所由杨端六任所长，后由蔡元培本人兼任，下设四组：主任杨杏佛，研究员杨端六、吴定良，特约研究员刘大钧、王琎、何廉、蒋廷黻等；法制组主任王云五，特约研究员周鲠生、王世杰、胡长青等；社会组主任陈翰笙，研究员王济昌，特约研究员陶孟和；民族组主任蔡元培，研究员有德国学者但泽、凌纯声。

蔡元培所聘请的研究人员，几乎囊括了当时中国科学界的顶级精英。

在研究院的行政管理干部上，蔡元培也始终把握专家治院的原则。研究院内总管行政事务的最初为秘书长，后改称为总干事。蔡元培聘请的第一任总干事就是杨杏佛。

杨杏佛早年加入同盟会，并曾在孙中山的临时南京政府中任职，后赴美国留学，攻读机械工程、工商管理、经济。归国后，长期协助蔡元培工作，是蔡元培创建中央研究院的最得力的助手。蔡元培曾说，"我素来宽容而迂缓，杨君精悍而机警，正可以他之长补我之短"。①

1933 年，杨杏佛遭国民党特务暗杀，物理学家丁西林短期代任总干事一职，继由地质学家丁文江接任总干事。丁文江早年留学英国攻读动物学和地质学，1922 年参与发起成立中国地质学会，与翁文灏合著《第一次中国矿业纪要》。他是一个精于科学又长于事务管理的科学家，1934 年任中央研究院总干事后在科研组织管理方面实施了一系列富有成效的改革。蔡元培称他是一位"有办事才能的科学家"，"我国现代稀有的人物"。②丁文江去世后，总干事一职又相继由朱家骅、傅斯年等担任。他们都是学者型的人物。蔡元培的这种用人理念人使研究院从没有出现外行领导内行的现象，贯彻了学术独立的主张。

作为一院之长的蔡元培给自己的角色定位，就是为科研人员竭尽所能地创造学术研究条件和空间。各所的学者要去全国各地进行科学调研，蔡元培总是和国民党的各地方军政要员积极接洽，要求他们尽力协助。

对自己聘任的专家学者，蔡元培用人则不疑。时任社会科学研究所社会组主任的陈翰笙回忆："蔡先生是院长兼社会科学研究所所长，但所内的具体工作，全都放手让我主持，从不干扰。重要事务，由我去向他报告，他仔细地、认真地、虚心地听取报告，先征求我的处理意见，然后由他提出具体办法来同我商榷……我去信请教时，他都亲笔回信，具体而切实，从没有训人的口吻。他不仅对我是这样，他对中央研究院每一个工作人员，不论职位高低，都以谦虚诚恳的态度平等相待。"③

---

① 《我在教育界的经验》，《蔡元培全集》第 7 卷，第 200—201 页。
② 《丁文江对于中央研究院的贡献》，《蔡元培全集》第 7 卷，第 15 页。
③ 陈翰笙：《追念蔡子民先生》，《蔡元培先生纪念集》，中华书局 1984 年版，第 155 页。

蔡元培领导创建中国研究院，是他继担任民国教育总长、北大校长之后，对于中国文教科研事业所做的又一个丰碑式功绩，以至有人评价，这是"蔡先生对于我国学术之最大贡献"。①

现代艺术院校的开山鼻祖

在教育独立、学术自由的空间日益被压缩的政治氛围中，蔡元培依然尽最大的可能实现自己的教育理念。

蔡元培提出的教育方针是：科学化、劳动化、艺术化。他说，"脑力与劳动同时并进之好处，非独养成身体发达之平均，而最大关键，乃在打破劳动阶级与知识阶级之界限"，又说，"人生由小而长，而老，而死，苟无艺术之调和，则一世生活，真无兴趣之可言。……故艺术兴味，确为教育上第一要义"。②

1927 年蔡元培组织大学院时，即特设立"全国艺术教育委员会"。这年 10 月，上海成立了音乐院，蔡元培亲自兼任院长，中国现代音乐史的一代宗师、现代专业音乐教育的开拓者与奠基者萧友梅担任教务主任。这就是中国历史最悠久的高等音乐学府——著名的上海音乐学院的前身。

1928 年 7 月，音乐院改名为音乐专科学校，校中设立预科、本科，并附设师范科，萧友梅担任校长，但蔡元培一如既往的关心音乐学校的建设。廖辅元回忆，"萧先生每逢'音专'有什么重大措施，都先向蔡先生汇报。蔡先生对萧先生的汇报总是耐心倾听，同意的是频频点头，不明白的就及时发问，听懂了

---

① 王云五，《蔡孑民先生的贡献》，《蔡元培先生纪念集》，中华书局 1984 年版，第 112 页。

② 《在南京特别市教育局常说词》，《蔡元培全集》第 5 卷，第 167—168 页。

就相视而笑，表示赞赏"。他又说，"他（蔡元培）的态度是那么平易近人，虚怀若谷，从来没有看见他有一点架子"。蔡元培还亲自在校园种了一棵大松树，并在树前摄影留念。后来"音专"人一直奉蔡元培为学校的创办人。

另一所蔡元培一手推动创办的重要艺术院校是"国立杭州艺术专科学校"，这又是今天著名的中国美术学院的前身。

1927 年 11 月 27 日在国民政府大学院艺术委员会的第一次会议上，蔡元培提出了创办艺术大学的提案。他说，"我国民政府为厉行教育放烟花，尤不可不注意富有革命性之艺术教育，急谋所以振兴之……此本会向中华民国大学院建议创办国立艺术大学之最大理由也"。① 蔡元培更建议艺术大学的校址以风景秀丽的杭州西湖最为适宜，这里人文和自然景观都繁美不胜，最适宜建设艺术事业。1928 年 3 月，国立艺术院在杭州孤山之傍的罗苑正式成立，著名画家林风眠任院长。开学那天，蔡元培亲临主持仪式。1929 年 10 月艺术院改为美术专科学校。迄今，中国美术学院大门上仍然保存着蔡元培 1929 年亲题的"国立艺术院"校名。

蔡元培积极推动学校中的体育运动，推动国民体质的增强。1927 年 11 月，大学院的大学委员会制定《各国立大学军事训练条例》，提请国民政府在各国立大学实行军训制度，并拨给相关经费。条例中说，"欧战以来，欧美日本各国大学一致厉行军事训练，不遗余力……我国素以和平为世界倡，国民积久相沿，以至萎靖异懦，自卫能力薄弱。对外则招辱取侮，领土丧失，受不平等条约束缚；对内则不能抵抗非法，一任军阀与官僚土

---

① 《创办国立艺术大学之提案》，《蔡元培全集》第 5 卷，第 179—180 页。

豪之鱼肉或恶化分子劫持。以此国民，而与世界列强互竞，国既不国，种亦云亡。本大学有鉴于此，为求民族精神之发扬与国民革命之未完成，已经拟定军事计划，聘请军事专家，于正课之余，实施训练"。12 月 10 日，蔡元培又召集全国各地体育界代表，在南京组织全国体育指导委员会，商讨办法，促进公共体育。1928 年 5 月，更明确将开展军事教育和体育写入《全国教育会议宣言》中，提出凡中学以上应以军事教育为必修课，每年各校学生应进行三星期连续的严格军事训练。

大学院制改革失败后，蔡元培虽不再在国民政府的教育机构中担任行政职务，但他继续致力在教育上，提倡中国的义务教育和职业教育。

1930 年 10 月，蔡元培在《现代学生》月刊创刊号上发表《怎样才配做一个现代学生》一文，教导青年学生要有"狮子样的体力""猴子样的敏捷""骆驼样的精神""崇好美术的素养"和"自立""爱人"的美德。[1]

1934 年 1 月，蔡元培又就青年教育问题向记者发表了谈话，稍后又在《浙江青年》上发表《我们希望的浙江青年》一文，蔡元培对青年的三点希望仍然是：一、健强的体格；二、研究的精神；三、美术的陶冶。他说："一方面在知识及技能上有科学的基础；一方面在感情上有美术的熏习，以这种健全的精神，宿在健全的身体，真是健全的青年了!"[2]

---

① 《蔡元培全集》第 5 卷，第 475—480 页。
② 《蔡元培全集》第 6 卷，第 491 页。

第三章　最后的岁月

忧政思国

1936 年 9 月，时任中共中央主席毛泽东亲笔致函蔡元培，希望他促成国共两党合作、实现全民抗战。函中说：

> 五四运动时期北大课堂，旧京集会，湘城讲座，数聆先生之崇论宏议，不期忽忽二十年矣！今日者何日？民族国家存亡绝续之日。老者如先生一辈，中年者如泽东一辈，少年者则今日之学生，不论贫富，不分工农商学，不别信仰尊尚，将群入于异族侵略者之手，河山将非复我之河山，人民将非复我之人民，城郭将非复我之城郭，所谓亡国灭种者，旷古旷世无与伦比，先生将何以处此耶？
>
> 共产党创议抗日统一战线，国人皆曰可行，知先生亦必曰可行，独于当权在势之衮衮诸公或则曰不可行，或则曰要缓行，盗入门而不拒，虎噬人而不斗，率通国而入于麻木不仁窒息待死之绝境，先生将何以处此耶？
>
> 孙中山先生联俄、联共与农工政策，行之于一九二五

至一九二七年之第一次大革命而有效，国共两党合作之时期，亦即国民党最革命之时期。孙先生革命政策之毁弃，内战因之而连绵不绝，外患乃溃围决堤滔滔不可收拾矣！八月二十五日共产党致国民党书，虽旧策之重提，实救亡之至计，先生将何以处此耶？

读《新文字意见书》，赫然列名于首位者，先生也。

二十年后忽见我敬爱之孑民先生，发表了崭然不同于一般新旧顽固党之簇新议论，先生当知见之而欢跃者绝不止我一人，绝不止共产党，必为无数量人也！从同志从朋友称述先生同情抗日救国事业，闻之而欢跃者，更绝不止我一人，绝不止共产党，必为全民族之诚实儿女，毫无疑义也。

然而百尺竿头，更进一步，持此大义，起而率先，以光复会、同盟会之民族伟人，北京大学、中央研究院之学术领袖，当民族危亡之顷，作狂澜逆挽之谋，不但坐言，而且起行，不但同情，而且倡导，痛责南京当局立即停止内战，放弃其对外退让对内苛求之错误政策，撤废其爱国有罪卖国有赏之亡国方针，发动全国海陆空军，实行真正之抗日作战，恢复孙中山先生革命的三民主义与三大政策精神，拯救四万万五千万同胞于水深火热之境，召集各党各派各界各军之抗日救国代表大会，召集人民选举之全国国会，建立统一对外之国防政府，建立真正之民主共和国，致国家于富强隆盛之域，置民族于自由解放之林。若然，则先生者，必将照耀万世，留芳千代，买丝争绣，遍于通国之人，置邮而传，沸于全民之口矣。先生其将不令数千里外曾聆教益之人，稍稍减杀其欢跃之情而更增之增之以至于无已乎？

毛泽东的这篇致信写得气势雄浑、情足动人，对蔡元培的敬重则溢于言表，既概括了蔡元培过往的革命生涯，又对他提出了殷切的召唤和期待。虽然蔡元培曾主导"清共"，但毛泽东从蔡元培过去几年的作略中早就看出，蔡元培是一个把民族利益放在至高地位的正直的国民党人。

自 1926 年 7 月 9 日国民革命军从广东誓师北伐，后在冯玉祥及阎锡山的配合下于 1928 年攻克北京，至此北伐完成，中国实现了形式上的统一。日本军国势力眼见北伐将伤及其在华利益，同时，统一的中国是它最不愿意看到的。1928 年 5 月日本出兵山东进占省会济南、枪杀中国军民，制造了"济南惨案"。

蔡元培此时正在主持中华民国的全国教育会议，他拍案而起，以会议议长身份致电"国联"及美国总统，"日本派兵至中国领土之山东，实为违反国际公法。日军在山东之挑衅举动及其残酷之行为，纵日人极力作虚伪之宣言，然其真相，此时当早已在洞鉴之中，毋庸赘述。国民政府明知日本以帮助北洋军阀、破坏中国统一为其传统政策，故当时以全力扫荡军阀余孽之时，竭力避免与日本发生任何纠纷。济南附近之革命军之全体退出，即为吾方不惜委曲求全、力避冲突之表示，乃日本横暴竟不稍减，且挑衅更甚，辱我更甚。既占胶济全线，撤毁黄河铁桥，袭击济南以南之革命军，复要求将国民革命军之大部军队，当济南军之前，全体解散；同时日军之兵舰纷纷开至中国腹地，其形式无异对华战争"。①

这年 8 月，北伐几告完成，蔡元培即在国民党二届五中全会上提出《关于外交问题提案》，提出将废除以往与列强签订的不平等条约列入国民政府议事日程，把国民革命进行到底。提案中说：

> ……平津克复后，吾国国际地位，表面上虽似增高，但关于中外关系之厘定，及不平等条约之废除，列强狃于既得特权，似仍未能与吾国从事开诚布公之磋议。……盖中国不欲成一现代国家则已，敬欲使中国民族得自由独立于世界，则丁此时期，努力求对外问题之解决，实为吾党同志刻不容缓之责任。

"九一八"事变前夕，日本军国主义势力屡在中国东北挑起事端。蔡元培公开发表了对日问题的看法，一方面，他建议向东北地区移民，充实东北三省；针对日本人在中国东北地区搞

---

① 《致国际联盟及美国总统电》，《蔡元培全集》第 5 卷，第 231 页。

的"满铁调查",蔡元培说,"日人以一南满铁道会社之力,作种种调查事业①,巨细不遗,随时刊布,设资源馆,以陈列当地物特产,设中央试验馆,搜罗专门学者,研究种种问题,以指导企业者而代为计划。在上海同文书院的学生,每人都有在我国内地实地调查的报告。我们现在要知道的事情,反而要借助于日本的书籍,这还了得!现在我们各地均有党部,留学界也有,谁敢说在党部服务的同志,竟不及同文书院的学生吗?要是能把当地的情形的调查与研究,列入工作,几年后,必可大有贡献"。②

"九一八"事变爆发后,举国震惊。蔡元培马上放弃了在国民党内成立第三势力,制约蒋介石等的活动,调和宁粤矛盾,以图一致对外。

这年12月15日,蔡元培在接见南京国民党中央党部请愿抗日的北平学生时,混乱中被激愤难遏的学生打伤。

蔡元培一方面觉得学生的行动粗暴,"必有反动分子主动其间",但他对爱国学生并没有过于责备,反而说,"值兹国难,吾人精神上受日本帝国主义者侵略,伤痛已极!尚复何所怨尤?……如果全体学生出于爱国之真诚,自为我民族精神之表现,倘从此能编练成为坚苦之义勇军,以备万一,固亦属壮举……至个人对学生救国之轨内行动,纯洁热诚,仍愿政府与

---

① 日本"南满洲铁道株式会社",简称"满铁",是20世纪初日本为侵华做准备而设,在中国大陆活动长达40余年之久。期间,"满铁"形成了大量关于中国的资料图书和档案材料,即著名的"满铁调查报告资料",这批资料是迄今为止20世纪前半期有关中国基层经济、社会史和农村发展史的极为直接、系统、全面的第一手调查文献。

② 《韩案发生后对日问题》,《蔡元培全集》第6卷,第97页。

社会加以爱护，绝不因今日之扰乱而更变平素之主张也"。①

从此，蔡元培在国民党内力主抗战，并力促蒋介石的国民党政权改变消极抗战政策。

1932年1月28日夜11点，日本海军陆战队突然进攻上海闸北地区，遭到中国驻军的奋勇反击，爆发了惨烈的"淞沪保卫战"。日军对上海市区进行了不分区别的轰炸，多家极具影响的文化机关被毁，其中就有著名的商务印书馆。后来商务印书馆出的一本《茶花女遗事》，注有"国难后第一版"字样，版权页印有一则简短明了、痛入骨髓的启示文字："民国二十一年一月十九日，敝公司突遭国难，总务处、印刷所、编译所、书栈房均被炸毁，附设之涵芬楼、东方图书馆、尚公小学亦遭殃及，尽付焚如，三十五载之经营，于一旦。"

蔡元培代表中研院，联合国内各大学校长致电国联，愤怒抗议日军野蛮轰炸文化单位，同时，致电国际名人如爱因斯坦、杜威、巴特勒等著名学人，控诉日军罪行，争取国际舆论的同情。

战役结束后，阵亡将士公墓上树起一方石碑，刻有蔡元培悲愤而书的铭文：

> 淞沪一役，顽寇逞凶。洸洸武士，来摧其锋。
>
> 忠贯日月，气挟云龙。攻坚陷阵，决胆断胸。
>
> 谁能无死，死国从容。谁不慕义，义战肃雍。
>
> 顽廉懦立，响应风从。王罴冢高，苌宏血滢。
>
> 千秋万古，英爽如逢。②

---

① 《申报》1931年12月16日。

② 《第十九路军淞沪抗战及历次阵亡将士公墓刻石词》，《蔡元培全集》第6卷，第266页。

1935 年，战争阴霾日益浓厚，蔡元培到南京，时任南京政府行政院长兼外交部长的汪精卫请他吃晚餐，用的是西膳。蔡元培苦口婆心，劝汪精卫改变亲日立场，收敛亲日行为，表明严正态度，将抗战的国策确立不拔。蔡元培说："关于中日的事情，我们应该坚定，应该以大无畏的精神抵抗，只要我们抵抗，中国一定有出路。"话未说完，大家看到了这一幕：激动的蔡元培眼泪夺眶而出滴到了酒杯中，他旋即端起那杯掺着泪水的酒，一饮而尽。举座的人见一这情景，无不动容，汪精卫则如坐针毡，一时不知说什么好，尴尬之余只好顾左右而言他。

1936 年 4 月 16 日，在中研院评议会第二次年会上，蔡元培作了《中央研究院进行工作大纲》的报告，他要求研究院所属各研究所加强与原料和生产问题有关的课题研究，以适应抗战的需要。他说：

> 根据上次欧洲大战史之史实，吾人深知，凡科学发达之国家，皆可于应战时召集其国内作纯粹科学研究者，临时变作为国家军事技术服务之人，本院同人准备于如此机会之下，用其技术的能力，尽其国民的责任。在准备过程中，本院之个人及集体，自当随时应政府之需求，贡献其技术的能力。[1]

晚年的蔡元培兼任了诸多教育界的社会职务，如：中国公学董事长兼校董、上海法学院校董、上海美专校董兼主席、国立北平图书馆馆长、上海市图书馆临时董事会董事长、中华教育文化基金董事长兼董事、全国国语教育促进会会长、中国教

---

[1]　《蔡元培全集》第 7 卷，第 59 页。

育电影协会监事、故宫博物院理事长、北平孔德学校校长、爱
国女学主席董事兼校董、中华职业教育社评议员、南通学院校
董、苏州振华女学校董……

香港的岁月

1937 年 11 月 27 日，上海黄浦江边夜幕低垂。一辆灰色轿
车驶进江边法租界码头，车内下来一位一袭长衫、步履蹒跚的
老者，这就是蔡元培。他眺望黄浦江面繁星似的点点灯光，露
出依依不舍之情。随后，他在随行的搀扶下，登上了由上海开
往香港的法国邮轮"珂拉密司"号。

此前的 1936 年 1 月，蔡元培度过了他的七十寿辰，但他在
工作上并不稍懈。这一年，他除继续主持中央研究院的相关工
作，并应邀到一些学校和文化团体演讲，还为他人的著述写下
十余篇译文和文章。

1936 年 11 月底，年事已高的蔡元陪因为劳累过度患上了严
重的伤寒病，几近病危，经过医生全力救护，于 1937 年春终告
痊愈。

不幸的是国难再度袭来。这年的 7 月 7 日卢沟桥事件爆发，
日军开始全面侵华，艰苦卓绝的抗日战争开始了。8 月 13 日，
日军进攻上海，三个月后上海沦陷。

于是在 11 月，蔡元培由丁西林和妻弟周仁陪同，离开了生
活多年的上海前往香港避难，并于 29 日抵港。先期到达香港处
理商务印书馆事务的王云五接待了蔡元培，安排他住进商务印
书馆的临时宿舍。一个月后，夫人周峻带着子女抵港，一家人
团聚了，遂在香港九龙的柯士甸道 156 号租屋居住。

蔡元培在香港的最初生活，仰赖友人王云五的悉心安排。王云五曾在 20 年代任上海商务印书馆编译所所长、东方图书馆馆长，后继任商务印书馆总经理，他曾因发明四角号码检索法和完成中外图书统一分类法而名噪一时。王云五对于蔡元培无论是学识和人品都很仰慕，两人过从较密。抗战爆发后商务印书馆迁到香港，王云五便常驻香港。

初到香港的蔡元培为了调养身心，在其家人和朋友的陪同下，游览了香港扯旗山、浅水湾等名胜风景地。

扯旗山里是香港地势最高处，一脉连绵起伏、青蓊叠翠的山脉沿海岛东北边缘隆起，向西逶迤而去。蔡元培临峰绝顶，极目远眺，大自然美景尽收眼底。来自维多利亚海湾的风轻轻拂面，让人不禁心旷神怡，这对蔡元培真是一种久违的感觉。

随后，他们又驱车前往港岛南端的著名浅水湾风景区。这是一处天然港湾，风景优美、空气清新。他们在浅水湾大酒店宽敞别致的室外走廊饮茶、小憩、观赏。坐在走廊里舒适的藤椅上，大海一览无余，波澜壮阔，蔡元培不无动情地说："这里确实令人喜欢，它贴海如此之近，可以聆听大海喘息的声音，饱览大海气势的恢宏。"

次日，蔡元培又专程前往宋王台参观。宋王台在九龙湾畔，是香港唯一的古迹。曾有诗人在此写下"海天还属宋王台""怒涛鸣咽向东流"之句。南宋末年，蒙古人攻陷都城临安，数十万不愿做亡国奴的南宋军民，在张世杰、陆秀夫的率领下，拥戴 9 岁的赵昺为帝，逃亡到南中国海滨。剽悍的蒙古军穷追不舍，一路烧杀、直逼珠江口。最终，陆秀夫背起幼主蹈海殉国。众多朝臣悲愤难抑，亦追随蹈海，南宋亡。

蔡元培在这悲壮的历史面前唏嘘不已，不禁感叹中国历史的凝重。想到日寇入侵，不由更惦念战火中的故土。他写下这样的诗句：

> 由来境异便情迁，历史循环溯大原。
> 还我河山旧标语，可能实现在今年。

这时的蔡元培曾为友人之父题照，写了"家祭毋忘"四字。也许，蔡元培已经预感到自己不能看到抗战胜利的那一天了。

身处香港的蔡元培继续关心中央研究院的工作。这时的中央研究院，由于上海沦陷，随南京国民政府迁往中国西南各省份。为了尽快恢复正常工作，1938 年 2 月 28 日，72 岁的蔡元培在香港主持召开中央研究院院务会议，召集了总干事朱家骅以及丁西林、庄长恭、李四光、竺可桢、陶孟和、傅斯年等十个所长，布置接下来的工作。不久，朱家骅、傅斯年辞职，蔡元培又和他们密集的通电往来，商议新的合适人选，于这年 11 月定由任鸿隽任总干事。

蔡元培在香港唯一一次公开活动，是出席由宋庆龄领导的保卫中国大同盟和香港国防医药筹赈会联合在圣约翰大礼堂举办的美展开幕式。这天，蔡元培精神大振，在包括港督罗富国在内的众多来宾面前，即兴发表演讲：

> 抗战时期需要人人具有宁静而强毅的精神，不论是前方冲锋陷阵的将士，还是后方供给军需、救护伤兵、拯救难民的人员，以及其他从事于不能停顿之学术或事业者，有了这种精神，便能免于疏忽错乱散漫等过失，从而在全民抗战中担当起一份任务……

在抗战初期的困难时刻，蔡元培始终有一种自信的乐观与豪情，并不时鼓荡起铁马金戈般的壮烈情怀。这种情怀，在其诗作中有很强烈的表现：

> 枫叶荻花瑟瑟秋，江州司马感牢愁。
> 而今痛苦何时已，白骨皑皑战血流。

这是他当时写给陆丹林的红叶诗。

> 世号诗史杜工部，亘古男儿陆渭南。
> 不作楚囚相对态，时闻谔谔展雄谈。

这是他读完友人《八一三纪事诗》所题的一首七绝。

透过这些字里行间溢出的爱国激情，不难看出病居香港的蔡元培既有"江州司马"的愁怀，又思慕那"亘古男儿"的气概。这时，他内心世界的激情岂是那病弱的身体所能框限。

最能说明这时期蔡元培壮心不已的文字，莫过于他被国际反侵略运动大会中国分会推为第二届名誉主席后，为该会会歌所作的歌词。这首著名的《满江红》词铿锵有力，铮铮有声：

> 公理昭彰，战胜强权在今日。
> 概不问，领土大小，军容赢诎。
> 文化同肩维护任，武装合组抵抗术，
> 把野心军阀尽排除，齐努力。
> 我中华，泱泱国，爱和平，御强敌。
> 两年来，博得同情洋溢。
> 独立宁辞经百战，众擎无愧参全责。
> 与友邦共奏凯歌曲，显成绩！

蔡元培晚年在香港摈除外务，希求静心养病和写作。他给自己订下的写作计划有：写一本"以美育代宗教"的书，编一本美学书，编一本比较民族学的书。另外，蔡元培应胡适的多次建议，拟写一部自传。

蔡元培的一生可谓都在为国事奔走，几乎难有充裕的时间静心著述。但他对中西学术长期求索而形成的独立见解积蕴于心，不发不快。此时人入晚境，回首往昔，世事纷扰，他希望在有生之年力求补偿。

这一时期蔡元培在香港经常写作的是《自写年谱》。年谱用白话文写作，文字简洁清丽，对蔡元培的家世、少年时代、科举考试及读书、供职北京翰林院、回乡从事教育、在上海的活动、留德四年以及其后旅居法国的生活均作了翔实记述。他人生成长的轨迹在其中一目了然，还可从中探知蔡元培思想人格的形成。该年谱自 1936 年初即已动笔撰述，在香港只是续笔，但不久蔡元培即病卧床榻，不得不辍笔。这时年谱仅写有 4 万余字，是一部未尽之作。

晚年的蔡元培仍勤学不辍。他晚年在香港读书的篇目有：王闿运《湘绮楼日记》、傅东华译《比较文学史》、郭沫若《石鼓文研究》、张元济《校史随笔》、李玄伯译《希腊罗马古代社会研究》《五十年来的德国学术》以及《王阳明全集》《陆放翁全集》《游志汇编》等。

徜徉在学海书林的蔡元培晚年颇感充实，他流连忘返、自得其乐，在一种广袤无垠的思想境界中翱翔，陶醉于一种真正读书人始能感悟到的意境。然而，在蔡元培的大视野里，港岛毕竟局处一隅，弹丸之地，远远不能满足他那阔大的需求。蔡元培不禁发出了"耐劳嗜学尚依然""岛居颇恨图书少"的感叹。

读书暇余，蔡元培仍应约为一些书籍撰写序文。先后有《鲁

迅全集》序、肖瑜《居友学说评论》序、李宗侗《中国古代社会
新研究初稿》序、任鸿隽《古青诗存》跋等。作为蔡元培晚年所
留不多的文字，这些序跋的价值也就远远不止于其本身了。

让蔡元培欣慰的是，晚年他与夫人周峻相濡以沫、相依为命，
夫妻感情融洽、恩爱有加，还不时作诗唱和、作画题咏。这给平
常的家庭生活增添了许多雅情逸趣。1939 年 3 月，时在香港的周
峻到了五十寿诞，蔡元培专门赋诗《为夫人周养浩寿》，其中云：

儿女承欢凭意匠，亲朋话旧煦心田。
一尊介寿山阴酒，万壑万岩在眼前。

一代学宗辞世

1940 年 3 月 3 日清晨，蔡元培在寓所起床时，倏觉头晕目
眩，失足仆地，口吐鲜血。

家人急召医生诊治。由于这一天是星期天，商务印书馆特
约西医朱惠康至中午才赶到，后来，玛丽医院内科主任凌医生
也应请前来会诊，疑为胃疾，建议住院治疗。翌日，由周夫人
和朱医生侍伴，送蔡元培过海到跑马地香港养和医院救治。

抵达医院不久，蔡元培即大量排血，陷入昏迷状态。虽然
中外医师悉心救治，施以输血等措施，但蔡元培终以年高体弱，
于 3 月 5 日 9 时 45 分与世长辞，终年 73 岁。后来医生推断，
"其摔倒在地，伤及内部，导致胃瘤出血，乃不治之因"。

蔡元培在香港病逝，引起全国各界人士的震惊和痛惜。3 月
7 日，蔡元培遗体在香港摩理臣山道福禄寿殡仪馆入殓，香港各
界敬送挽联。

国民党中央海外部部长吴铁城代表国民党的最高领袖蒋介石主祭，前往致祭的各界人士有 300 余人。同日，毛泽东和中共中央也分别发来唁电，毛泽东在唁电中称蔡元培为"学界泰斗，人世楷模"，中共中央称蔡为"老成硕望""勋劳卓著"，对他的逝世深表哀悼。随后，在中国的西南大后方、西北的延安以及海外，军政、教育等各界人士举行了隆重的纪念活动。

3 月 10 日是出殡的日子，香港前往执绋者竟达 5000 余人。蔡元培的灵柩最后被安葬在香港岛南端的香港仔华人永远墓地。京师大学堂校友叶恭绰书碑刻："蔡孑民先生之墓"。

此时全国各界人士举行了悼念活动，多家报刊载文赞誉他的功德，各主要党派和团体及各界名流纷纷致电吊唁。民国政府发布褒扬令，称蔡为"高年硕学""万流景仰"。

悼念期间，各界人士所送挽联，蔚为大观。在后印行于世的《哀挽录》中，有一联云：

> 打开思想牢狱，解放千年知识囚徒，主将美育承宗教；
> 推动时代巨轮，成功一世人民哲匠，却尊自由为学风。

曾分别在武汉和广州国民政府担任过外交部长的陈友仁的挽联云：

> 薄元首而不为亮节高风千秋曾有几辈；
> 容百家之并起宏模雅量当代祇见斯人。

中共中央周恩来的挽联云：

> 从排满到抗日战争，先生之志在民族革命；
> 从五四到人权同盟，先生之行在民主自由。

第四章　外圆内方的儒者

中国只有两个好人

　　以特立独行而著称的国学大师辜鸿铭最佩服的中国人里，蔡元培居然算一个。

　　辜鸿铭在西方的声望远胜于国内，他号称自己"生在南洋，学在西洋，婚在东洋（纳了一位日本爱妾），仕在北洋（指作张之洞的幕僚）"。他创造性地向西方译介了"四书"中的三部，即《论语》《中庸》和《大学》，英文著作有《中国的牛津运动》《春秋大义》等，这些著作为他赢得了世界性声誉。尤其在当时的德国，连普通老百姓都知道他的名字。法国文豪罗曼·罗兰说："辜鸿铭在欧洲是很著名的。"丹麦评论家勃兰兑斯称他为"现代中国最重要的作家"。就其著作在欧美的阅读范围和产生过的轰动效应而言，辜鸿铭称得上是近代中国第一人，在他之后，也仅有林语堂有此殊荣。时人有评其"最善大言不惭，为中国争面子"。

　　1917 年，蔡元培出任北大校长，提出了"兼容并包"的办学宗旨，他聘请辜鸿铭为北大英文系教授。有人表示异议，蔡元培说："我请辜鸿铭，因为他是一位学者、智者和贤者，绝不是一个物议飞腾的怪物，更不是政治上极端保守的顽固派。"

于是，辜鸿铭每日里以他那副标志性的遗老装束，在北大激昂亢进的革命氛围中保持着鲜明的个人姿态。他用纯熟的西方语言宣扬古老的东方精神，他反对女生上英文课，反对新文化运动，这在当时的北大校园里的确是独树一帜。当辜鸿铭梳着小辫第一次走进北大课堂时，学生们哄堂大笑。辜鸿铭平静地说："我头上的辫子是有形的，你们心中的辫子却是无形的。"闻听此言，教室里立刻沉寂下来。

当时的北大有不少外籍教员。一次在教员休息室，辜鸿铭遇到一个英国人，便用英语问他教什么的，回答说教文学的。辜鸿铭立即改说拉丁文，英国人当场语无伦次，辜鸿铭丢下一句"教西洋文学的人怎么能不会拉丁文？"转身就走了。

在很多人眼中古怪之极、眼高于顶的辜鸿铭，骂过慈禧太后、袁世凯、徐世昌这样的权势者。只有一个人他一直保持着尊重——蔡元培。这还并非因为蔡元培给了他饭碗——他的另一位上级张之洞也被他毫不客气地讽刺批评过。辜鸿铭曾在课堂上对学生宣讲："中国只有两个好人：一个是蔡元培，一个是我。因为蔡元培点了翰林之后，不肯做官，就去革命，到现在还是革命；我呢？自从跟张文襄（张之洞）做了前清的官员以后，到现在还是保皇。"

对于辜鸿铭来说，蔡元培慧眼识人，能发现和肯定他辜鸿铭的价值，对他有知遇之恩，当然算得好人。这就是辜鸿铭的识人逻辑。

到了 1919 年 6 月初，受"五四"学潮的影响，校长蔡元培的去留引起了当局和校方的争议。北大教授们在红楼开会，主题就是挽留蔡元培校长。会上大家纷纷表示赞成，只是具体怎么交涉还需要讨论。大家都表示了自己的看法，这时辜鸿铭表达自己的意见，主张积极挽留校长，但他的理由和别人不一样。辜鸿铭的理由是："校长是我们学校的皇帝，非得挽留不可。"这么一说就显得滑稽了，好在大家的立场和意见一致，才没人与他抬杠。话虽然滑稽，但是在性情的辜鸿铭看来，蔡元培就是那种内圣而外王式的人，是他绝对值得效忠的圣人，值得他发自内心报以崇敬和喜爱。设想换一个人当这个学校的"皇帝"，辜鸿铭非撇嘴不可。

1923 年 1 月，蔡元培因教育总长彭允彝克扣教育经费，愤而辞去北京大学校长一职，重赴欧洲。辜鸿铭与蔡元培同进退，随即也辞去北大教职。

教育家胡元曾用八个字形容蔡元培："有所不为，无所不容。""有所不为"意味着非义则不取、行正；"无所不容"意味着兼收并蓄、广大。蔡元培是对事有主张、对人无成见的长者，一生从善如流，却未尝疾恶如仇。也难怪他能得到辜鸿铭这样的人物的敬重。

在一般人眼里，处事"超然"的蔡元培平日里在大家的集会之中，其言讷讷，但与人交接则侃侃如也。蔡元培最爱谈论的话题不是时事政治，而是教育、思想和文化。

无论当教育部部长也好，当北大校长也好，当大学院院长也好，当"中央研究院院长"也好，蔡元培给人们的印象是偏于理想，始终只负责确立宗旨，制订方针，并不羁縻于行政。很显然，蔡元培还有一个长处，就在于慧眼识人。

蔡元培总能给自己的事件擢选到好的帮手，如范源濂、蒋梦麟、杨杏佛、丁文江，都是偏于实践的干练之才，为他很好地打理了实际事务。蔡元培无为而治，治绩却有目共睹，原因只有一个：那些大名鼎鼎的学者无不发自内心地敬重蔡元培，乐于为他效命，他的凝聚力和向心力是最大的。

1940 年，蔡元培在香港逝世，全国哀挽。蒋梦麟的挽联是"大德垂后世，中国一完人"，而他的老朋友吴稚晖送的挽联是"平生无缺德，举世失完人"。这样的推崇、这样的评价在中国社会里，绝非随便可以予人的。

中国社会中向来不但用事业，而且注重用私德评价一个人，有时求全责备乃至于到了苛刻的程度。传统意义上的完人必须立言、立德、立功，三者缺一不可，不仅要在公共事务方面恪尽责任，大有建树，而且在个人私德方面也不能留下任何瑕疵，而在大家看来，蔡元培是近代社会中罕有的符合这些标准的士林典范。

林语堂在《想念蔡元培》一文中有这样一段话："论资格，他是我们的长辈；论思想精神，他也许比我们年轻；论著作，北大教授很多人比他多；论启发中国新文化的功劳，他比任何人大。"是的，蔡元培的主要著作有《石头记索隐》《教授法原理》《中国伦理学史》《美育实施的方法》和《华工学校讲义》，算不上著作等身，也算不上学问精深，但在近代的知识分子学人眼中，他是一位真正的大师。

培养人才，引领风气，为国家种下读书、爱国、革命的种子，近百年间，蔡元培的功力和成就无人可及。正如傅斯年在《我所景仰的蔡元培之风格》一文中所说，"蔡元培实在代表两种伟大的文化，一是中国传统圣贤之修养，一是法兰西革命中标揭自由、平等、博爱之理想。此两种伟大文化，具其一已难，兼备尤不可觏。"

蔡元培具有淡泊宁静的志怀和正直和平的性行，但他何尝不是一位白刃可蹈、虽千万人吾往矣的斗士。蔡元培一生不断与权势相搏，与清廷斗过，与袁世凯斗过，与北洋军阀斗过，与蒋介石斗过，多次名列通缉令，多次收到恐吓信，走在生死边缘何止一两遭。种种做法都是公开与当局唱反调。这些作略体现的是学人在人格上对道义的坚守。

曾任北大教授的王世杰在《追忆蔡元培》一文中写道："蔡先生为公众服务数十年，死后无一间屋，无一寸土，医院药费一千余元，蔡夫人至今尚无法给付，只在那里打算典衣质物以处丧事，衣衾棺木的费用，还是王云五先生代筹的……"

在蔡元培为代表的老一辈学人，其为人难以企及的地方就在于：他们追求真理，不愧屋漏；坚守信念，不避刀俎；用以身殉道的精神，将知与行打成一片，决不与时俯仰、与世浮沉；于一己之艰难处境，甚少挂怀、计虑。朱熹尝言，"是真虎乃有风"。蔡元培无疑是中国教育界的一头真虎。

蔡元培与鲁迅的过从

蔡元培的恕人、宽广，从他与鲁迅的相知相交也可见一斑。

鲁迅（1881—1936）是中国近现代著名的文学家、思想家，五四新文化运动的重要参与者，中国现代文学的奠基人。他曾自认自己的性格不易与人相处，但却与蔡元培有过长达二十余年的友情。郭沫若曾这样说过：

在章太炎之外，影响到鲁迅生活颇深的人应该推数蔡元培吧！这位有名的自由主义者，对于中国的文化教育界贡献相当大，而他对于鲁迅始终是刮目相看的。鲁迅的进教育部乃至进入北京教育界都是由于蔡元培的援引。一直到鲁迅的病殁，蔡元培是尽了没世不渝的友谊。①

蔡元培和鲁迅都是浙江绍兴人。蔡元培长鲁迅 13 岁。在科举取士的年代，蔡元培这位朝廷翰林院学士在当地反响很大，在童年鲁迅的心田自然也就留下了神奇、仰慕的印象。

辛亥革命时，蔡元培已是闻名全国的革命家。1904 年 11 月，蔡元培等创立光复会，并任会长。他邀浙江会党首领陶成章加入光复会，而陶成章也是鲁迅的朋友，两人无话不谈。陶成章常向鲁迅透露革命党人的一些动向，鲁迅也因此而成为光复会会员。通过陶成章，鲁迅闻知了光复会领袖蔡元培，虽未谋面却神交久矣。

1912 年 1 月，中华民国临时政府在南京成立，孙中山任蔡元培为教育总长。蔡元培上任后便各方延揽人才，鲁迅的朋友许寿裳向蔡元培推荐鲁迅，蔡元培回应："我久慕其名，正拟驰函延请，现在就托先生代函敦劝，早日来京。"时鲁迅正在绍

---

① 郭沫若：《鲁迅与王国维》，《文艺复兴》1946 年第 2 卷第 3 期。

兴,已对辛亥革命后绍兴的局势失望至极,接到许寿裳的两封信后即来到南京。蔡元培回忆说,鲁迅进教育部后,他们"始常见面",并由此而结识、订交。

由于蔡元培力主,鲁迅被聘为教育部佥事、社会教育司第一科科长,主管科学、美术馆、博物馆、图书馆、音乐会、演艺会等。

蔡元培毕生注重美育,提倡"以美育代替宗教"。5 月,蔡元培派王家驹筹办"北京夏期讲演会",他知道鲁迅对美学有独到的见解,便指派鲁迅讲授《美术略论》。鲁迅十分乐意地接受了这一任务。他不辱使命,讲演深入浅出,很得学员的喜爱。

蔡元培执掌教育部后,一系列革故鼎新的主张遭到社会守旧人士围攻:"其祸我国民,岂有极哉?"遂于 7 月 10 日辞去教育总长职。22 日,一个黑云压城的傍晚,鲁迅和许寿裳几个朋友,为蔡元培饯别。

蔡元培辞职而去,新任总长像走马灯似的换了一个又一个。鲁迅后来说:"我身做十多年官僚,目睹了一打以上总长",这些粉墨登场的官僚不是来办教育的,"说得露骨一点,就是做'官'"。

教育部内充斥着一片污浊、无聊的气氛,鲁迅已无正经事可做,于是只能用抄古碑、搜集金石拓本、辑录和校勘古书来消磨时光。蔡元培也有此爱好,所以,他们之间常有切磋和交流。蔡元培将自己收藏的《赞三宝福业碑》《高归彦造象》《丰乐七帝二寺邑义等造象》和《苏轼等仿象老题记》拓片赠送于鲁迅。他们还就汉代石刻进行讨论,鲁迅在致蔡元培的信中说:"汉石刻之人首蛇身象,就树人所收拓本觅之,除武梁祠画象外,亦殊不多,盖此画似多刻于顶层,故在残石中颇难觏也。"

1916 年 6 月 6 日，袁世凯死，黎元洪任临时总统。教育总长范源廉遂邀蔡元培执掌北大。此时，鲁迅仍在教育部供职。他的朋友、同乡、北大教授钱玄同，将他引入北大《新青年》营垒，鲁迅著名的《狂人日记》《孔乙己》和《药》等白话小说得以由《新青年》而面世。

担任北大校长的蔡元培对鲁迅和周作人向有倚重，早欲聘其在北大做事。后经多次磋商，根据周氏兄弟的意见，蔡元培聘请周作人为文科教授，兼国史编纂处纂辑员，教授欧洲文学史和罗马文学史。蔡元培知道鲁迅有相应的美学知识，便委托其为北大设计校徽。1917 年 8 月 7 日的鲁迅日记言："寄蔡先生信，并所拟大学徽章。"

历史已百年风尘，这枚鲁迅设计的校徽至今仍在北大师生的胸前佩戴。

1920 年 8 月 2 日，鲁迅也收到蔡元培的聘书："敬聘周树人先生为本校讲师，此订。中华民国九年八月二日。"

鲁迅主要讲授中国小说史，他的课讲得很生动。他的学生冯至回忆说，听先生的课，"在引人入胜、娓娓动听的语言中蕴蓄着精辟的见解，闪烁着智慧的光芒"。鲁迅还在讲义的基础上完成《中国小说史略》，这是中国文学史上空前绝后之作，胡适曾高度评价说："这是一部开山的创作。"五四运动时期，北大之所以能开风气之先，成为新文化运动之先河，与蔡元培广泛延揽人才，集中一大批思想新进、学术扎实的知识精英不无关系，鲁迅便是其中最为典型的人物。

1927 年 6 月，蔡元培就任大学院院长后，满怀信心和希望，要在全国高等教育领域兴起一股改革之风。他还像 15 年前当教育部总长时那样，很快便给鲁迅发了聘书。鲁迅被聘为大学院特约著作员。据鲁迅日记所记，蔡元培曾专程拜访过鲁迅。在居于上层显赫地位的当权者诸公中，唯有蔡元培能够认识到鲁迅的文化学术地位，也唯有他能够接纳鲁迅，并为其提供一个位置，以展示其才识和水平。

蔡元培不仅对鲁迅，就是对周氏三兄弟都是尽其所能地给予帮助。

鲁迅的三弟周建人原在商务印书馆工作，1932 年"一·二八"抗战时商务印书馆被日军炸毁，周建人因此而生活无着，鲁迅为此很着急。3 月 2 日，鲁迅给他的好友许寿裳写信说："商务馆虽云人员全部解约，但现在当必尚有蝉联，而将来且必仍有续聘，可否乞兄转薪蔡先生代为设法，俾有一栖身之处，即他处他事，亦甚愿服务也。"

蔡元培知道此事后，立即往商务印书馆与王云五相商。后来，书馆因裁员而发生纠纷，鲁迅又去函许寿裳说："但今兹书馆与工员争持正烈，实亦难于措手，拟俟馆方善后事宜办竣以后，再一托蔡公耳。"到了 6 月，商务印书馆内部纠纷已经平息，蔡元培才又去与王云五相商，于是，周建人再次与商务印书馆签订聘约。

鲁迅对此事十分感激，和三弟周建人专程往蔡宅面谢，因蔡元培外出而未遇。鲁迅在转托许寿裳代致谢忱的信中说："弟本拟向蔡先生面达谢忱，而又不遇。大约国事鞅掌，外出之时居多，所以一时恐不易见。兄如相见时，尚乞转致谢意为托。"

1932 年 12 月 17 日，中国民权保障同盟正式成立，蔡元培邀请鲁迅入盟。据 1933 年 1 月 6 日鲁迅日记："下午往商务印书馆，邀三弟同至中央研究院人权保障同盟干事会。"17 日，中国民权保障同盟上海分会召开成立会，蔡元培和鲁迅等出席会议，经过投票选举，他们都当选为上海分会执行委员。

在这次会议上，蔡元培将自己的昔日旧作，书赠予鲁迅：

> 养兵千日知何用，大敌当前暗不声。
> 汝辈尚容说威信，十重颜甲对苍生。
> 几多恩怨争牛李，有数人才走越胡。
> 顾犬补牢犹未晚，只今谁是蔺相如。

他痛心地对鲁迅说，国民党为了消灭政治上的敌对者，连民族的存亡都可以不顾，这是他始料不及的。"如磐夜气压重楼"，"雾寒苍天百卉殚"。1933 年的中国，正如鲁迅所描述的黑暗、凋零和凝重。这一时期，蒋介石的一个党、一个主义、一个领袖的喧嚷已甚嚣尘上。5 月 13 日上午，宋庆龄、杨杏佛和鲁迅等亲往德国驻上海领事馆，以中国民权保障同盟的名义递交抗议书，强烈抗议希特勒的法西斯政党践踏人权的暴行。

1933 年 6 月 18 日，中国民权保障同盟总干事杨杏佛被特务暗杀。蔡元培和鲁迅共忍悲痛，一起参与料理杨杏佛的后事。鲁迅后来说，"打死杨杏佛，原是对于宋庆龄和蔡先生的警告，但他们两位是坚决的。"他对冯雪峰说："蔡元培的同情革命者，也不过是为了民族而已。但革命者，为了阶级，也为了民族。""现在的阶级斗争，又何尝不是民族存亡的斗争。"

1936 年 10 月 19 日，鲁迅病逝于上海寓所。这天，宋庆龄特意来到中央研究院，告诉蔡元培关于鲁迅去世的消息。次日，蔡元培前往万国殡仪馆吊唁，并挽以一联：

> 著作最谨严，岂唯中国小说史；
> 遗言太沉痛，莫作空头文学家。

1937 年 3 月，《鲁迅全集》编定，蔡元培写信给中央宣传部长邵力子，请其亲自审查，放关出版印刷。后许广平希望蔡元培为《鲁迅全集》作序。蔡元培用了一个多月的时间，浏览了鲁迅的主要作品，慎重地为《鲁迅全集》写出了序文，并欣然为《鲁迅全集》纪念本题字。

《鲁迅全集》20 卷本出版后，鲁迅纪念委员会为答谢蔡元培，赠送给蔡元培一套纪念本。但是蔡元培早已按价付了一百元钱的订金。当许广平知道此事后，立即让人将一百元钱退还蔡元培。蔡元培坚持将钱交与纪念委员会，并复函一封说："鄙人对于鲁迅先生身后，终不愿毫无物质之补助，请以此款改作赙敬，仍托王君转致许景宋女士。"许广平收信后，只得遵从蔡元培的吩咐，收下一百元钱，以作"将来举行纪念事业时"用。

许广平对蔡元培所做的一切极为感谢和崇敬，她撰文赞扬说："蔡先生对全集出版方面，曾再三赐予援助，计划久远，费去不少精神，且曾向商务印书馆设法订立契约。""至蔡先生文章道德，海内传颂，鲁迅先生一生深蒙提掖，此次更承为全集作序，知何宗尚，鲁迅先生有知，亦必含笑九泉，岂徒私人之感幸。"

蔡元培对鲁迅这位他所欣赏的中国文化人，也可谓做到了仁至义尽。

唯仁者能爱人

蔡元培以他的心地善良而著称，他有一个性格——平生不知如何拒绝别人的求助。

晚年的蔡元培为找他帮忙求职的人写推荐信，每日少则写几封，多则十余封，几乎到了有求必应的地步。蔡元培一生桃李满天下，他的北大门生多，他任中央研究院院长十几年，为学生写下了不计其数的推荐信、求职信。即使素昧平生的人，写信向他求援，并寄上自己的研究成果，他也会热心向各大学推荐。

抗战初期，蔡元培因病滞留香港，有位素不相识的青年从重庆给蔡元培寄来快信，自称是北大毕业生，在重庆穷困潦倒、无以为生，请求蔡元培施以援手，将其推荐给用人单位。蔡元培当即致函某机关负责人，称那位青年学有所成。推荐信一出，立见效力，这个青年得到了机关的聘用。然而那位青年报道时所出示的毕业证书并非北大签发。某机关负责人赶紧写信询问蔡元培，是否真的了解那位青年的底细。

蔡元培则回复说：不必在意那位青年是不是北大生，只要看他是不是人才。如果他徒有北大毕业证书而不是人才，断不可用；如果他没有北大毕业证书而是人才，仍当录用。你有用人之权，我尽介绍之责，请自行斟酌。结果那位青年得到了这份差事，来信向蔡元培道歉，感谢蔡的再造之恩。蔡元培回信时，没有只字片言责备对方蒙骗欺罔，反而勉励对方努力服务于社会。

在当年，社会上有议论说蔡元培的推荐信写得太多太滥，有的官员收到他的推荐信后，一笑置之，不了了之。但蔡元培也殊不介意，推荐信照写不误。陈调元任安徽省主席，有北大毕业生向到安徽省政府求职，蔡元培写了推荐信。陈调元很客气地给予安排。后来，又陆续收到蔡元培的推荐信。北大学生向蔡元培求援，他向来是来者不拒。面对一摞推荐信，陈调元干脆不回复。蔡元培也不觉得有丝毫尴尬。蔡元培曾言："人人应该以服务为目的，而不以夺取为目的。"他要用他的方式服务于社会。

蔡元培不惮烦劳为青年人写推荐信，除了爱惜人才，也因为他有一个定见："希望在中年人青年人身上。为这些人挺身请命，披荆斩棘，是老年人的义务！"

金刚怒目的"好好先生"

由于蔡元培在民国政坛上经常保持一种"超然"姿态，导致他得了一个"好好先生"的名号。但这绝不意味着蔡元培真的是一个毫无原则、四面逢迎讨好的老好人。林语堂说，"蔡先生软中带硬，外圆内方，其可不计较者他不计较，大处出入却不肯含糊"。又说，"他有临大节凛然不可犯之处，他的是非心极明"。

人所共知，蔡元培总是热心地推荐北大学生求职，但绝非无原则。1930 年秋，国民党某省政府改组，一位北大同学请蔡元培向蒋介石推荐他，并托老同学联名致电蔡元培促成此事。蔡元培的回电只有一句话："我不长'朕即国家'者之焰。"

蔡元培最犀利的武器就是"不合作"。柔是他的外表与风度，内心却是刚劲不挠的气概，这大概就是频频辞职的原因了。辛亥革命后，蔡元培因不满袁世凯的专制，辞去教育总长职务，袁世凯说，"我代表四万万人坚留总长！"蔡元培则说："元培亦对四万万人之代表而辞职！"

在五四运动中，人们为凡尔赛会议上列强出卖中国山东利益的消息所激怒。在一次商讨对策的集会上，一些人言辞激烈、喧声冲天，但蔡元培在一旁深沉地说："我们这样抗议，有什么用处？应该全体总辞职。"结果他马上辞职，当晚就一个人坐火车南下了。

"五四"以后，中国的大学内，学潮蔚然成风。1922 年 10 月，北大学生拒绝缴纳讲义费，并引发风波，很多人冲击到了校长室。一群学生群情激昂，领头的学生冯省三大呼："我们打进（校长室）去，把他们围起来，把这事解决了！""到会计科把讲义券烧了！"

结果蔡元培听到了，应声挺身而出厉声问道："你们闹什么？"

为首的学生说："沈士远主张征收讲义费，故来找他理论。"

蔡元培说："收讲义费是校务会议决定的，我是校长，有理由尽管对我说，与沈先生无关。"

一群学生这时仍喊着要找沈士远。蔡元培大声说："我是从手枪炸弹中历练出来的，你们如有手枪炸弹尽不妨拿出来对付我，我在维持校规的大前提下，绝对不会畏缩退步！"

蔡元培对这场风潮深感恼火和痛心，他当天就写下辞呈离开北大，总务长蒋梦麟、代总务长沈士远、图书馆主任李大钊等亦分别刊登启事，宣布"随同蔡校长辞职，即日离校"后来，通过胡适做工作，北大教授继续执教，但蔡元培于是年冬天悄然离开北京。

蔡元培的酒量

蔡元培的酒量颇佳，每餐必饮酒少许。陈西滢①的纪念文章《蔡先生的回忆》曾记载了关于蔡元培饮酒的故事。

---

① 陈西滢（1896—1970），近代著名作家。梁实秋曾将他与胡适、周氏兄弟、徐志摩并称为"五四"以来五大散文家之一。

有一年夏天，陈西滢和蔡元培从南京同乘火车去北平。蔡元培带了几瓶南京老万全的香雪酒，是朱家骅送他在车上喝的。陈西滢回忆说："第一天晚餐时我们两人喝了一瓶——应该说是蔡先生一人喝一瓶，因我只能陪二三杯。那晚上蔡先生虽没有醉，脸却红得厉害。"香雪酒是一种绍兴老酒，蔡元培是绍兴人，虽然这种酒不像高度白酒的酒精度数高，但酒劲颇大。

这次陈西滢与蔡元培同乘火车得到不少照顾。车快到北平时，蔡元培对陈西滢说：中央委员乘车是不用花钱的，这一次一个钱也没花，心里觉得很不安，希望陈西滢在车上的吃饭花销让他开支。蔡元培说得这样委婉诚恳，陈西滢也不好坚持。结果第二天早晨陈西滢发现，不但饭费，连睡车上茶房的小费蔡元培都一起付过了。车到站时，蔡元培又说他带了一个当差，并且有人来接，行李有人招呼，劝陈西滢将行李放到一处运去。这些生活上的小事蔡元培为他想得很周全，陈西滢不禁深深地被感动。

蔡元培在北平的活动，陈西滢也在回忆文章里有所记录："蔡先生这一次到北平，是十年后重游旧地，盛受各团体、各个人朋友的欢迎招待。常常一餐要走两三个地方。他到一处，一定得与每一客对饮一杯，饮完方离去，所以每晚回家时大都多少有了醺意了。"

抗战爆发后，蔡元培从上海到香港，他本想奔赴西南后方，因健康原因隐居在香港。初到香港时，他的饮食起居得到商务印书馆经历王云五的照顾。午餐和晚餐都为蔡元培提供一大杯绍兴酒。王云五说，"以蔡先生的豪量，此区区者实不足道"。而夫人周峻这时为了他的健康计，才开始限制蔡元培饮酒。

蔡元培的书法

　　中国书法是中国汉字特有艺术形式，蔡元培任北大校长后，在北京大学设立了书法研究会，并率先倡导在大学开设书法专科，成为中国书法史上具有重要影响的人物。

　　蔡元培与中国书法可谓素有渊源。他出生于笔飞弄，而这里就位于有"书法之乡"称谓的浙江山阴（今绍兴）。据蔡元培的《自写年谱》记述："笔飞弄是笔飞坊中的一弄……相传右军在此的时候，一老姥常求题扇。有一日，右军不胜其烦，怒掷笔，笔飞去，这就是笔飞名坊的缘故。"

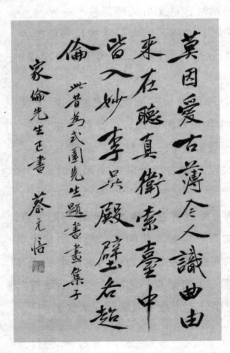

　　这里说的"右军"即"书圣"王羲之（约321—379），字逸少，祖籍琅琊临沂（今山东临沂），曾任会稽（今浙江绍兴）内史，领右将军之职，其故居戒珠寺与蔡元培故宅相邻。

　　蔡元培18岁以前不曾离开绍兴，对故乡的秀丽山水倍感自豪，对"邻居"王羲之推崇备至。在《鲁迅全集·序》中，蔡元培引用王羲之"行山阴道上，千岩竞秀，万壑争流，令人应接不暇"之句，赞扬故乡景色并说"有这种环境，所以历代有著名的文学家、美术家，其中如王逸少的书，陆放翁的诗，尤为永久流行的作品"。

由于身处"书法之乡"的文化氛围，又由于科举制度下对士子书法的重视，蔡元培自小就注意在书法上用工。《自写年谱》中蔡元培回忆小的时候，"六岁习字，先用描红法……进一步摹写墨印或先生范本……再进一步临写，是选取名人帖子，看熟了，在别纸上仿写出来"。

蔡元培早年师承黄山谷体。黄山谷即北宋文学家和书法家黄庭坚，其行书不循常轨，张扬个性，如铁干铜枝，似高峰奇石，以刚劲奇崛著称。此外，蔡元培的小篆写得甚好，《自写年谱》中云："我的八股文是用经、子中古字义、古句法凑成的，钱先生很赏识；诗赋有时候全用小篆写的，王先生很赏识。"钱先生即山阴书院的院长钱振常（钱玄同父亲）；王先生即金石大家、善篆隶的稽山书院院长王继香。

但是，蔡元培所习的行书、小篆，与当时科举考场流行的馆阁体相差甚远。馆阁体是一种楷体，属官方书体，讲究规范、美观、整洁、大方，强调共性而非个性。所以蔡元培后来在科考过程中，到了殿试这个环节便遇到了"麻烦"。1890年春，23岁的蔡元培考取贡士，即应参加殿试，但蔡元培没有参加当年的复试和殿试，而是准备两年后补行上述考试，蔡元培担心自己的书体与馆阁体不符而影响名次，打算回家练习两年馆阁体再说。

可是回到家乡的两年，蔡元培忙于他事，并没有好好练字。1892年春季，蔡元培再次赴京复试后参加殿试，侥幸得以金榜题名，尔后，蔡元培经过朝考跻身翰林院。

有一次北大学界的知名人物在一起聚会，会上，钱玄同不禁率直地问蔡元培："蔡先生，前清考翰林，都要字写得很好的才能考中，先生的字写得这样'蹩脚'，怎样能够考得翰林？"蔡元培听了不以介怀，笑嘻嘻地回答说："我也不知道，大概那时正风行黄山谷字体的缘故吧！"

1917 年末，担任北京大学校长的蔡元培发起、组织了北大书法研究会，邀请沈尹默为所长，聘请徐悲鸿等为书法研究会的导师。1918 年 4 月 15 日，蔡元培在其倡导设立的国立北京美术学校开学式上专题演讲，指出"中国图画与书法为缘，故善画者常善书"，希望学校"经费扩张时，增设书法专科"，并商议北大书法研究会附属于国立美术学校之事。

"五四"时期，科举制度已经废除，写毛笔字失去科举考试"敲门砖"的作用；西学东渐，传统文化相对式微，依附于传统文化的书法显得脆弱；取消汉文字的"中国文字拼音化"浪潮渐兴，字之不存，书将焉附？在中国书法受到多方冲击的情形下，蔡元培坚持创办书法研究会，并提出在学校设立书法专科，这对后来中国书法艺术的发展和学校书法学科的开设具有特殊的意义。由于北大的地位和蔡元培的倡行，类似书法社团当时在南京金陵大学、上海艺专、杭州艺专等大学中颇为风行，为书法教育提供了榜样。

更重要的是，北大书法研究会的成立使书法进入北大的研究视野，更使北大成为一所艺术气氛浓厚的高等学府，且很快成为全国美育和艺术教育的中心。之后，北大相继涌现胡适、罗振玉、鲁迅、毛泽东、朱光潜、冯友兰、宗白华等一批书法创作或理论研究很有建树者，他们对中国书法的发展都具有深远的影响。

蔡元培对书法艺术的喜爱和推崇，和他的美育思想有着密切的关系。同时，蔡元培将书法纳入美学教育的重要内容，也为中国书法繁荣发展提供了理论支撑。蔡元培希望借助北大书法研究会这个平台，来推行自己的美育理想，同时希望美术、书法能得到科学之助，以科学推动书法艺术的迅速发展。他说："美术则是音乐之外，如国画、书法等，亦较为发达。然不得科学之助，故不能有精密之技术，与夫有系统之理论。"

1931 年 10 月，蔡元培在《中国之书画》的长文中对书画的密切关系作了论述，认为中国的书画"起源同一""工具共通""并行演进""互相影响"，并列出"书之演进"章节，专门论述书法的起源与发展："汉代流传最多者，为篆、隶、分三体。自晋以后，竞为楷法，以行、草辅之。其他各体，偶有参用而已。"蔡元培还在文中介绍了中国历代重要书法家，扼要评述了他们的作品。

蔡元培对于题词索序者或请其写信介绍工作者，大都欣然受命，因而其书法作品、手迹存世较多。郑逸梅在《逸梅杂札》中记载，蔡元培"晚年侨居海上，以读书写字为遣。求其墨宝者，日有若干起，积年余，致积素充盈其室。盖蔡习于'疏懒'，惮于一一应付也"。

蔡元培的书法创作兼容并包，雍容大度，以行书著称，楷隶篆亦善之。1981 年，浙江图书馆影印的《蔡子民先生手札》，1988 年启功、牟小牛亦编纂《蔡元培先生手迹》一书，为今人较集中地赏析其书法创造了条件。

中国著名书法家、兰亭书会名誉会长沈定庵认为，蔡元培擅长楷书和行书，其风格一扫清代科举制下书坛的清规戒律，以线条粗细自然变化，用笔提按顿挫徐疾有致体现书法的节奏感，书作上字结体往往左低右高，呈斜势，整体布局虚实结合，疏密得当，通篇行气连贯，顾盼生姿，自出机杼，独具个性。

旧式教育的书法训练、深厚的国学功底和兼容并蓄的开放精神，涵养了蔡元培的气象，而他的书法则是他本人学养、人格、美学思想的折射，具有独特的审美价值。

时人评蔡元培

蔡先生在清季到辛亥革命前后最伟大的贡献，就是打破所谓"中学为体，西学为用"那种维新派的思想。蔡先生是介绍西洋近代哲学科学思想到中国以实行中国古代文化输血治疗的第一个。

——胡愈之

以一个大学来转移一时代学术或社会的风气，进而影响到整个国家的青年思想，恐怕要算蔡孑民时代的北京大学。

——罗家伦

千百年后，先生的人格修养，还是人类向往的境界。

——罗家伦

今天的新中国必以新民主主义革命为其造端，而新民主主义革命则肇起于五四运动。但若没有当时的北京大学，就不会有五四运动出现，而若非蔡先生长校，亦即不可能有当时的北京大学。直截了当地说，一九二一年中国共产党的诞生，一九二四年孙中山先生改组中国国民党，国共第一次合作，都是从五四运动所开出的社会思想新潮流而来的。

——梁漱溟

谁也知道，那时北大是全国思想革命的大本营，而北大之所以能够如此，是在蔡先生长北大思想自由，兼容并包的政策。

那时的北大前进者有胡适之、陈独秀、钱玄同、刘半农等，复古者有林琴南、辜鸿铭等，而全国思潮的潮流交错，就在北大自身反映出来。

——林语堂

从排满到抗日战争，先生之志在民族革命；从五四到人权同盟，先生之行在民主自由。

——周恩来

学界泰斗，人世楷模。

——毛泽东

蔡孑民先生致力于中国文化事业者逾三十年，为党国之勋者，为人伦之师表。……择师不囿门户，故可荟萃人才；而治学则不主故常，亦能转移风气。……先生尝欲以公民道德树教育之中坚，而其遗言亦谆谆余道德救国、学术救国，盖正人心，端士气，无逾此者。

——陈立夫

蔡元培是近代确合乎君子的标准的一个人。曾子说："可以托六尺之孤，可以寄百里之命，临大节而不可夺也。君子人欤，君子人也。"儒，"粥粥若无能"，但是"可亲而不可劫也，可近而不可迫也，可杀而不可辱也"。"身可危也，而志不可夺也。"这样的人，才是君子。孔子说："君子可欺以其方，难枉以非其道。"冯说，蔡先生的人格，是儒家教育理想的最高的表现。

——冯友兰

蔡元培先生实在代表两种伟大文化：一曰，中国传统圣贤之修养；一曰，西欧自由博爱之理想。此两种文化，具其一难，兼备尤不可觏。先生殁后，此两种文化，在中国之气象已亡矣！

——傅斯年

先生日常性情温和，如冬日之可爱，无疾言厉色。处事接物，恬淡从容，无论遇大观推刃或引车卖浆之流，态度如一。但一遇大事，则刚强之性立见，发言作文，不肯苟同。故先生之中庸，是白刃可蹈之中庸，而非无举刺之中庸。

——蒋梦麟

盖有所不为，吾师之律己也；无所不容者，吾师之教人也。有所不为，其正也；无所不容，其大也。

——黄炎培

一般说来，蔡先生乃是一位无可无不可的老好人；然有时有关大节的事或是他已下决心的事，都是很倔强地坚持着，不肯通融，虽然态度还很温和；这是他老人家可令人佩服的第一点。

——陈独秀

拿世界各国的大学校长来比较，牛津、剑桥、巴黎、柏林、哈佛、哥伦比亚等，这些校长中，在某些学科上有卓越贡献的不乏其人。但是，以一个校长身份而能领导那所大学，对一个民族，对一个时代，起到转折作用的，除蔡元培外，恐怕找不出第二个。

——杜威

蔡元培年谱

1868 年 1 月 11 日，同治七年十二月十七日，出生在浙江省绍兴府的山阴县城笔飞弄。

1871 年，同治十年，4 岁的蔡元培入家塾。

1872 年，同治十一年，蔡元培 5 岁，由父亲蔡光普延师在家塾中读《百家姓》《千字文》《神童诗》等书。

1877 年，光绪三年，蔡元培 10 岁，8 月 2 日，父亲病逝。家境渐窘，无力延师，从下半年起，在姨母家附读一年，后又在李姓家中附读两年。

1878 年，光绪四年，蔡元培 11 岁，父亲因病早逝时，长兄元金 13 岁，小弟元坚 9 岁。

1879 年，光绪五年，蔡元培 12 岁，开始学做八股文。

1880 年，光绪六年，蔡元培 13 岁 受业于同县秀才王懋修约四年。王先生崇尚宋明理学，蔡受其影响颇深。

1884 年，光绪十年，蔡元培 17 岁，考取秀才。

1889 年，光绪十五年，蔡元培 22 岁中举人。同年迎娶了他的第一位夫人王昭。

1890 年，光绪十六年，蔡元培 23 岁，进京会试得中成为贡士，未及参加殿试。

1892 年，光绪十八年，蔡元培 25 岁，经殿试进士及第，被点为翰林院庶吉士。

1894 年，光绪二十年，蔡元培 27 岁，春应散馆试，得授职翰林院编修。同年，中日"甲午战争"爆发，留心时事，阅读西方译著。

1895 年，光绪二十一年，蔡元培 28 岁，继续供职翰林院，曾赴南京访谒张之洞。冬，返绍兴。

1896 年，光绪二十二年，蔡元培 29 岁，在绍兴，冬始返京。于新学及国外事物多所留意，阅读了一批自然科学书籍。

1897 年，光绪二十三年，蔡元培 30 岁，继续供职翰林院。对新学兴趣日浓，涉猎更广。

1898 年，光绪二十四年，蔡元培 31 岁，同年，戊戌变法失败，戊戌六君子被杀，除"京师大学堂"外的百日维新成果均遭停止。蔡元培弃官从教，初任绍兴中西学堂监督、嵊县剡山书院院长、南洋公学特班总教习。

1899 年，光绪二十五年，蔡元培 32 岁，兼任嵊县剡山书院院长。4 月，为徐维则编《东西学术录》作序。

1900 年，光绪二十六年，蔡元培 33 岁，夫人王昭病逝。同年，八国联军侵华。

1901 年，光绪二十七年，蔡元培 34 岁时，夏，赴上海代理澄衷学堂校长。9 月，被聘为南洋公学经济特科班总教习。

1902 年，光绪二十八年，蔡元培 35 岁时，同蒋智由等在上海创办中国教育会并任会长，创立爱国学社、爱国女学，均曾被推为总理。1 月 1 日，蔡元培在与他往日的学生黄仲玉女士，在杭州举办了他一生中的第二次婚礼。

1903 年，光绪二十九年，蔡元培 36 岁时，爱国学社的活动引起清政府的警觉，下令侦讯。蔡元培辗转青岛、日本、绍兴、上海等地，一方面学习德语，准备赴德留学。同年，蔡元培为抗拒俄国政府觊觎中国北方领土，与上海反清革命志士以对俄同志会的名义办了《俄事警闻》（后改《警钟日报》）。

1904 年，光绪三十年，蔡元培 37 岁时，在上海组织建立了反清革命组织光复会。

1905 年，光绪三十一年，蔡元培 38 岁时，同盟会成立，光复会并入，孙中山委任蔡元培为同盟会上海分会负责人。

1907 年 5 月，光绪三十三年，蔡元培 40 岁时，在驻德公使孙宝琦的帮助下前往德国柏林，入莱比锡大学听课和研究心理学、美学、哲学诸学科。已近不惑之年的蔡元培开始了四年海外留学的生活。在德四年，他编著了《中国伦理学史》等一批学术书籍。

1911 年，宣统三年，蔡元培 44 岁，11 月上旬，辛亥革命爆发，在陈其美去电催促下，蔡元培取道西伯利亚回国。

1912 年，民国元年，蔡元培 45 岁，1 月 4 日，中华民国临时政府在南京成立，他就任南京临时政府教育总长。1 月 19 日，民国元年，在蔡元培主导下教育部颁布了《普通教育暂行办法》，并主持制定了《大学令》和《中学令》，这是中国的第一个大学和中学校令，他强调要把中学和大学键造成健全国民的学校。2 月，鲁迅被他邀请到教育部任职。7 月，蔡元培因不愿与袁世凯政府合作而辞职。

1913 年，民国二年，蔡元培 46 岁时，再次赴法国从事学术研究，在留欧的三年时间里，又编撰了不少哲学美学著作。

1915 年 6 月，民国四年，蔡元培 48 岁时，与李石曾、吴玉章等发起组织华法教育会，在法国倡勤勤工俭学，希望以次组织帮助更多华人到欧洲求学。后来的周恩来、邓小平等均是通过这个组织的帮助后顺利在法国进行学习的。

1916 年，民国五年，蔡元培 49 岁时，这年夏，黎元洪的北京政府明令恢复了民国初年的《临时约法》。11 月 8 日，蔡元培与吴玉章一起乘船由马赛回国，抵达上海。12 月 26 日受命担任北京大学校长。

1917 年，民国六年，蔡元培 50 岁时，1 月 9 日，蔡元培发表就任北京大学校长的演说，对学生提出三点要求：一曰抱定宗旨，二曰砥砺德行，三曰敬爱师长，将"抱定宗旨"置于首位。这年，蔡元培聘请《新青年》主编陈独秀为文科学长，并聘请李大钊、胡适、钱玄同等"新派"人物在北大任教，采用"思想自由，兼容并包"的办学方针，实行"教授治校"的制度，提倡学术民主，支持新文化运动。

同年，蔡元培邀请著名哲学家梁漱溟到北京大学讲授印度哲学。

同年，徐悲鸿应蔡元培之邀从日本东京返北京，任北京大学画法研究会导师。

同年 7 月，胡适从美国学成回国，被北京大学校长蔡元培聘为教授。

同年 7 月 3 日，为抗议张勋复辟，蔡元培向黎元洪总统提出辞职。

同年 10 月，蔡元培主持教育部召开北京各高等学校代表会议，讨论修改大学规程，北京大学文科提出废年级制，采用选科制的议案，会议议决通过，决定在北大试行。

1918 年，民国七年，蔡元培 51 岁时，这年 5 月 22 日，蔡元培为反对"中日防敌军事协定"，向大总统提出辞呈。

1919 年，民国八年，蔡元培 52 岁时，在北京大学废除科，改原隶属于科的学门为系，设立 14 个系，废学长，设系主任。原来的文、理、法三科分别改称第一、二、三院，仅作为各系所在地区的标志（因原来三科分布在不同地区），不代表一级机构。同年 5 月 8 日，五四运动爆发后，蔡元培为抗议政府逮捕学生，提交了辞呈。5 月 13 日，北京各大专学校校长于 5 月 13 日向政府齐上辞呈，支持蔡元培。后由于北大师生极力挽留，蔡元培答应只做北大师生的校长。

1920 年，民国九年，蔡元培 53 岁时，与李石曾、吴敬恒，利用庚子赔款，创办中法大学于北京，蔡元培任校长。2 月，蔡元培下令允许王兰、奚浈、查晓园 3 位女生入北大文科旁听，当年秋季起即正式招收女生，开我国公立大学招收女生之先例。这年 5 月，蔡元培聘任地质学家李四光出任北京大学地质系教授，邀著名作家莎菲回国任北京大学文学教授，8 月，聘鲁迅为北京大学讲师。这年年底，被北京大学派遣去欧洲考察，与法国里昂市长赫礼欧（Herriot），里昂大学医学院院长雷宾（Lepine）等，合作设立里昂中法大学协会，决定在里昂成立中法大学。

1921 年，民国十年，蔡元培 54 岁，1 至 5 月在欧洲。6 月 2 日赴美。8 月 6 日应北洋政府教育部电请到檀香山，出席西太平洋教育会议。8 月 29 日回国。

1922 年，民国十一年，蔡元培 55 岁，1 月撰写《石头记索隐》。4 月 25 日与李大钊、陶孟和、高一涵、胡适、张慰慈等联名发表《我的政治主张》。

1923 年，民国十二年，蔡元培 56 岁，5 月 6 日与周峻女士订婚。6 月万国教育会议在旧金山召开，被推举为代表之一，因事未能参加。7 月 10 日与周峻（养浩）在苏州留园举行婚礼。

1924 年，民国十三年，蔡元培 57 岁，1 月 12 日中国国民党第一次全国代表大会在广州召开，由孙中山先生提名，蔡元培先生被选为候补中央监察委员。2 月，留法同学刘既漂、林风眠、林文铮等，筹办旅欧美术展览会，推举蔡元培先生为名誉会长。6 月，胶济商埠督办倡办青岛大学，被聘为董事。

1925 年，民国十四年，蔡元培 58 岁，1 月，携夫人周峻旅居德国，在汉堡大学研究民族学。3 月 20 日，孙中山先生在北京逝世，蔡元培撰祭孙中山先生文并写挽联："是中国自由神权，三民五权，推翻历史数千年专制之局；愿吾后侪死者，齐心协力，完成先生一二件未竟之功。"5 月，上海发生"五卅"惨案。

1926 年，民国十五年，蔡元培 59 岁，3 月，北京国立编译馆成立董事会，被聘为董事。3 月 30 日，被聘为中山大学筹备委员。4 月，浙江省科学院筹备处成立，被推举为主任。8 月，张謇病逝，撰挽联："为地方兴教养之业，继起有人，其惟孝子慈孙，尤属望南通后进。以为学鸣光宣两朝，日记若在，用裨征文考献，当不让常熟遗篇。"9 月，全国国语教育促进会在上海成立，被推举为会长。12 月 24 日，北洋军阀孙传芳通令通缉蔡元培、沈钧儒、褚辅成等人。

1927 年，民国十六年，蔡元培 60 岁，4 月，被任命为国民政府教育行政委员会委员。9 月 17 日，被推举权威国民政府委员及常务委员。19 日，被推举为国民党特别委员会常务委员。10 月 1 日，大学院成立，就任院长。

1928 年，民国十七年，蔡元培 61 岁，1 月，兼任交通大学（包括上海、唐山、北京三处分校）校长。2 月 21 日，在蔡元培先生主持下，大学院通令废止春秋祀孔旧典。4 月 14 日，到上海走访鲁迅。4 月，根据蔡元培先生等提议，国名党中央会议决议，设立中央研究院，任命蔡元培为院长。11 月被任命为故宫博物院理事，后被推为理事长。

1929 年，民国十八年，蔡元培 62 岁，1 月，被聘为教育部国语统一筹备委员会委员。3 月，被推为上海大同大学校董。5 月 1 日，四子怀新在上海出生。6 月 7 日，电辞监察院长及国民政府委员等职务。8 月 29 日，获准辞去监察院长职务。8 月，受教育部聘，兼任国立北平图书馆馆长。

1930 年，民国十九年，蔡元培 63 岁，7 月 20 日，任职中华职业教育社第十一届社员大会主席。9 月 24 日，被批准辞去北京大学校长名义。10 月，杨开慧在长沙被捕，蔡先生立即联合几位社会知名人士，联名营救。11 月 1 日，以中国公校董事会董事长的名义发布通告，改推于右任为该校校长。

1931 年，民国二十年，蔡元培 64 岁，4 月 15 日，为赵药农所编《中国新本草图志》一书撰写序文。6 月 25 日，主持国立北平图书馆新舍落成典礼，致开幕词。12 月 15 日，"九一八"事变后到南京请愿的北平学生示威团二百余人到国民党中央党部，适开中央临时常会，蔡元培和陈铭枢被推为代表与学生见面，蔡先生没有一句责备学生的话。

1932 年，民国二十一年，蔡元培 65 岁，春，为庆祝蔡元培先生 65 岁寿辰，中央研究院历史语言研究所约集该院专家各献科学论文一篇，集为《庆祝蔡元培先生 65 岁论文集》两巨册，以为纪念。10 月 15 日，陈独秀在上海被捕，与宋庆龄、杨杏佛诸先生致电国民党中央要求宽释。12 月 17 日，与宋庆龄、杨杏佛在上海组织中国人权保障同盟，推荐宋庆龄为主席，蔡元培为副主席。

1933 年，民国二十二年，蔡元培 66 岁，2 月 10 日国民党南京党部要求国民党中央解散人权保障同盟。3 月 12 日，中山文化教育馆成立，被推为理事。3 月 14 日，马克思逝世 50 周年，与陶行知、李公朴、陈望道、叶恭绰等一百余人发起纪念会。4 月，商务印书馆召开股东会，被推为董事。亚东图书馆出版《独秀文存》，为之撰写序文。5 月，丁玲在上海被捕，与宋庆龄等以中国人权保障同盟负责人的名义致电南京国民党中央营救。6 月 18 日，中国人权保障同盟总干事、中央研究院总干事杨杏佛被国民党特务杀害，蔡元培先生"哭之恸"，"极愤慨"，为其主办一切丧葬事宜，并写祭文。

1934 年，民国二十三年，蔡元培 67 岁，2 月 2 日，到南京，主持中国教育文化基金董事会会议。5 月 20 日，参加上海同济大学 27 周年纪念大会，发表演说。6 月，为朱荫圃著《庄子内篇补正》一书撰写序文。7 月 7 日，为居里夫人逝世发电吊唁。12 月 15 日，为青年协会沈嗣庄编印的《社会主义新史》一书撰写序文。

1935 年，民国二十四年，蔡元培 68 岁，5 月，为郑振铎《世界文库》撰写序文。8 月 5 日，开始口述五四运动以后的生活经历，由高平叔笔录，撰为《蔡孑民先生传略》下。8 月 20 日，为《新青年》重印本题词云："《新青年》为五四运动时代之急先锋，现传本渐稀，得此重印本，使研讨吾国人思想之变迁者，有所依据，甚可嘉也。"10 月，为《中国新文学大系》撰写总序。

1936 年，民国二十五年，蔡元培 69 岁，1 月，为刘复（半农）撰写碑铭，铭曰："朴学隽文，同时并进；朋辈多才，如君实仅。甫及中年，身为学殉；嗣因有人，风流无尽。"2 月 9 日，上海文、教、科学以及工、商各界举行盛大祝嘏聚餐会，热烈庆祝蔡元培先生七十寿辰，蔡元培先生致答谢词。5月15日，为顾颉刚撰写的《崔东壁遗书》撰写序文。7月18日，到上海湖社参加章炳麟的追悼会，撰挽联："后太冲、炎武，已二百余年，驱鞑复华，窃比遗老；与曲园、仲容，兼师友风义，甄微广学，自成一家。"10月10日，发表《辛亥革命那一年》一文。10月20日，鲁迅逝世，与宋庆龄先生等组织治丧委员会，主持丧葬事宜，亲为执绋送葬，在墓地举行葬仪时致悼词。其挽联云："著述最谨严，徒非中国小说史；遗言太沉痛，莫作空头文学家。"11月下旬，大病，濒危者再，经医学专家悉心诊治，遂脱险。

1937年，民国二十六年，蔡元培70岁，这一年7月发生卢沟桥事变，抗战全面爆发。蔡元培在大病后，时愈时发，直至二月中，始渐告痊愈。12月底，由上海迁居香港养病。

1938年，民国二十七年，蔡元培71岁，6月5日在香港作《鲁迅全集》序成，送至沈雁冰。

1939年，民国二十八年，蔡元培72岁，7月初，被推为国际反侵略大会中国分会第二届名誉主席。7月15日，为李宗侗所著《中国古代社会新研初稿》一书作序。12月7日，用《满江红》词牌，为国际反侵略大会中国分会作会歌。

1940年，民国二十九年，蔡元培73岁，1月11日，为中央研究院评议会改选事，致函评议会秘书长翁文灏，委以最后决定权由其执行。

3月5日9时45分，蔡元培在香港养和医院逝世。遗体安葬于香港仔华人永远坟场。

参考资料

1. 高平叔：《蔡元培全集》，中华书局 1984 年 9 月第一版。

2. 高平叔：《蔡元培年谱》，中华书局 1980 年版。

3. 蔡元培：《我们的政治主张》，光明日报出版社，2013 年 1 月第一版。

4. 崔志海：《蔡元培传》，红旗出版社 2009 年 5 月第一版。

5. 陈向科：《蔡元培由翰林转变为民主革命家的思想动因论析》，载《湖南科技大学学报》，第 11 卷第 5 期，2008 年 9 月。

6. 《蔡孑民先生言行录》，广西师范大学出版社，2005 年 1 月版。

7. 单滨新：《蔡元培与德国》，载于《文史春秋》2012 年 2 期。

8. 《鲁迅全集》，人民文学出版社 2005 年 11 月第 1 版。

9. 张家康：《蔡元培与鲁迅》，《党史文汇》2004 年第 8 期。

10. 裴高才：《黎元洪"知遇"蔡元培的台前幕后》，原载《中华读书报》2011 年 9 月 14 日。

11. 冯友兰：《我所认识的蔡孑民先生》。

12. 王开林：《中国一完人》，《同舟共进》2010 年第 4 期。